シリーズ〈ことばの認知科学〉

2

ことばと心身

辻 幸夫・菅井三実・佐治伸郎 編集

朝倉書店

編集者

辻　　幸　夫	慶應義塾大学名誉教授	
菅　井　三　実	兵庫教育大学大学院学校教育研究科　教授	
佐　治　伸　郎	早稲田大学人間科学学術院人間科学部　准教授	

執筆者

谷　口　忠　大	京都大学大学院情報学研究科
本　多　　啓	神戸市外国語大学英米学科
篠　原　和　子	東京農工大学名誉教授
宇　野　良　子	東京農工大学大学院工学研究院
渡　邊　淳　司	NTT コミュニケーション科学基礎研究所
大　槻　美　佳	北海道大学大学院保健科学研究院
上　野　泰　治	東京女子大学現代教養学部
楠　見　　孝	京都大学大学院教育学研究科
平　　知　宏	大阪公立大学国際基幹教育機構
望　月　正　哉	日本大学文理学部

（執筆順）

シリーズ刊行の趣旨

　本シリーズ「ことばの認知科学」（全4巻）は，20世紀に生まれた認知科学における言語研究を踏まえた上で，特に21世紀に入って著しい理論的・実証的研究の飛躍的な展開を概観したものである．第1巻『ことばのやりとり』，第2巻『ことばと心身』，第3巻『社会の中のことば』，第4巻『ことばと学び』という観点でそれぞれまとめられ，各巻8章，シリーズ全体は32章から成り立つ．各章のトピックとなる研究分野において押さえておきたい基礎知識と概要，そして現在の研究課題や今後の展望について書き下ろしている．

　シリーズの特徴は大きく3つある．1つめは人文・社会・自然科学などの関連分野で活躍する35人の専門家が，それぞれの学問的研究成果を携えて，認知科学という学際的観点からの言語研究を解説している点である．2つめは言語の音韻・形態・統語などの静的・構造的問題から，言語のもつ意味やコミュニケーションにおける振る舞いなどの動的・機能的側面についての研究課題を重要視している点である．3つめとしては，伝統的な言語研究の手法であった直感・作例・テキストに頼る言語の定性的な研究手法を受容した上で，21世紀の言語研究の大きな特徴となる，言語の動的な側面と使用者との関連を定量的な手法も用いて解明する研究スタンスを強調していることである．そして言語現象の説明・記述において再現性を考慮した実験・観察および統計的・構成的な手法を試みる方法論的転回も反映したものになっている．

　言語は人間の認知活動の多くの側面に深く関係するため，必然的にいろいろな分野で研究が行われている．学問の多様性を統合する形で生まれた認知科学は，計算論的なアプローチにはじまり，状況性，身体性，相互作用などさまざまな観点を加えて発展してきた．本シリーズではこうした認知科学の展開を見据えて，文系や理系という学問的制度のもつ制約にとらわれることがないように編まれている．

　本書が想定する読者は，ことばに関心をもつ学生から大学院生，特に言語学，

心理学，教育学，自然言語処理，医学，看護学などを専攻する初学者，教育，医療，福祉などに従事する専門家，言語と認知について関心を抱く他分野の専門家や一般読者を想定している．広い観点から，各々の興味の対象となる言語研究に考えを巡らすことができるような「ことばの認知科学」への誘いを目指している．読者1人1人が言語と認知について学問分野の垣根を越えた学際的洞察を得られることができればと編者は願うものである．

編集者　辻　幸夫・菅井三実・佐治伸郎

まえがき

　第2巻は「ことばと心身」というテーマのもと，ことばが心および身体とどのように関連するかを論じた8つの章から構成される．古代ギリシャの哲学者プラトン（Plato）や近代の哲学者デカルト（René Descartes）は心身二元論（mind-body dualism）を唱え，「心と身体は別のもの」と論じたが，認知科学的に見ると，心と身体は決して分離されたものではなく，むしろ，密接に関連していることが浮かび上がってくる．ことばは感覚・運動系の働きや脳における神経ネットワークの働きに基盤をもつ心的プロセスによって実現しているが，ことばそのものの働きも心身とさまざまな相互作用をもっている．本巻を読むことで，言語，身体，心理という構成要素が三位一体となってつくりだす知の営みについて，認知科学的な概観が得られればと編者は期待する．

　第1章「ことばとマルチモダリティ」は，ことばの獲得と感覚運動器の関係に焦点があてられる．ことばは他の感覚と独立に単独で存在するものではなく，多感覚的（マルチモーダル）な身体性に支えられていることを踏まえ，交差状況学習を切り口に，いかに概念形成やことばの意味が見いだされるのか構成論的な視点から解説する．第2章「ことばと主観性」では，ことばから見た主観の共有性に焦点があてられる．主観は個人の内だけにあるものではなく他者と共有されると主張する．そして他者との間でどのように主観が共有されるかを言語学的観点から概観する．第3章「ことばと感性」は，21世紀にかけて飛躍的に進展したオノマトペと音象徴の研究成果に焦点をあてながら，感覚・知覚情報を統合する感性と言語の関係について概観する．オノマトペや音象徴は，従前，周辺的な現象として扱われることが多かったが，ここでは言語学だけではなく感性工学や神経科学，発達・認知心理学などの認知科学分野の研究に触れながら，今後の研究の可能性についても展望する．第4章「ことばと知覚・情動」は，ことばと触覚や情動の関係に焦点をあて，感覚入力から記号的意味形成へのプロセスについて実験的手法を用いて概観する．特に，これまで感覚

カテゴリの標準や体系が示されてこなかった触知覚や情動の変化について，オノマトペを端緒にした可視化の試みをすることで，主観的な知覚や情動の理解と共有の可能性について概説する．第5章「ことばと脳」は，ことばの脳神経基盤，認知機能から見た言語の神経心理学的知見について概観する．脳と認知機能の研究は脳機能画像法の発展により近年になって長足の進歩を遂げた．本章はことばの神経基盤について，伝統的臨床研究の成果とともに，昨今の認知神経科学研究にも触れながら概観する．第6章「ことばと記憶」は，ことばと記憶の相互作用に焦点があてられる．まず言語獲得や読み書き・発話などの言語運用において作動記憶（ワーキングメモリ）がどのような役割を担っているのか概説する．そして，ことばを支える長期記憶の構造について，計算機モデルにも言及しつつ，領域普遍性・領域特異性という観点から考察する．第7章「ことばと思考」は，ことばを介した思考に焦点があてられる．人間を情報処理システムと捉える認知科学的な観点から，思考を中央系における心的表象の変換と想定し，心的表象を構成することばとイメージの相互作用，推論・類推，比喩的拡張，概念形成，批判的思考を概観する．最後の第8章「ことばと運動」では，ことばの身体性・運動性に焦点があてられる．音声言語も手話も運動によって表出されるが，ことばの理解は運動とどのように関係するのか感覚運動系と記号処理は密接に関係するという観点から，ことばの行為化や，ことばの理解と運動行為の関係を身体性認知科学の知見をもとに概観する．

　本巻は，「ことばと心」および「ことばと身体」の関係を取り上げている．本巻に所収された論稿から，ことばが心と身体を結び合わせる存在になっていることを読者の皆さんに伝えることができたなら，編者にとって何よりの幸甚である．

　　2024年9月

　　　　　　　　　編集者　辻　幸夫・菅井三実・佐治伸郎

目　　次

第1章　ことばとマルチモダリティ……………………………[谷口忠大]… **1**

　第1部　現在までの流れ……………………………………………………　1

　　第1節　ことばの学習とマルチモーダルな経験………………………　1

　　第2節　単語の発見………………………………………………………　3

　　第3節　概念形成とマルチモーダル情報統合…………………………　7

　　第4節　交差状況学習と見出される意味………………………………　11

　　第5節　大規模言語モデルとマルチモーダル情報による意味の創発…　12

　第2部　今後の展望…………………………………………………………　19

　　第6節　まとめと展望……………………………………………………　19

第2章　ことばと主観性………………………………………………[木多　啓]… **23**

　　第1節　「捉え方の意味論」としての認知意味論と主体性……………　23

　　第2節　認知文法と主体性………………………………………………　26

　　第3節　認知文法と一人称代名詞：他者にとっての他者としての自己

　　　　　　………………………………………………………………………　28

　　第4節　共同注意としての言語コミュニケーション…………………　29

　　第5節　「捉え方の意味論」から「見せ方の意味論」へ……………　32

　　第6節　認知文法における「主体化」…………………………………　35

　　第7節　結　　　語………………………………………………………　39

第3章　ことばと感性……………………………………[篠原和子・宇野良子]… **43**

　第1部　現在までの流れ……………………………………………………　43

　　第1節　感性とは何だろう………………………………………………　43

　　第2節　感性にまつわる研究，特に言語学との関連…………………　44

　　第3節　音象徴とオノマトペ研究の流れ：20世紀以降を中心に………　48

vi 目 次

　　第2部　今後の展望……………………………………………… 54
　　　第4節　言語学と隣接分野の協力……………………………… 54
　　　第5節　感性研究と言語………………………………………… 57
　コラム　オノマトペに見る体験と想像のずれ…………………… 61
　コラム　ことばの「素材」を味わう……………………………… 62

第4章　ことばと知覚・情動……………………………[渡邊淳司]… 63

　第1部　現在までの流れ…………………………………………… 63
　　第1節　感覚や情動のカテゴリとことば……………………… 63
　　第2節　形容詞による触覚のカテゴリ化……………………… 64
　　第3節　オノマトペによる触覚のことばの分布図…………… 67
　　第4節　触覚のことばによる素材の配置……………………… 70
　コラム　触相図を作成するワークショップ…………………… 72
　第2部　今後の展望………………………………………………… 73
　　第5節　ことばと情動…………………………………………… 73
　　第6節　ことばと体験評価……………………………………… 76
　　第7節　ことばとウェルビーイング…………………………… 77

第5章　ことばと脳……………………………………[大槻美佳]… 82

　第1部　現在までの流れ…………………………………………… 82
　　第1節　脳機能から見たことばの特性………………………… 82
　　第2節　脳 の 特 性……………………………………………… 83
　　第3節　認知機能と脳の関係：神経心理学の誕生と基本原理……… 85
　　第4節　言語と脳の関係………………………………………… 86
　第2部　今後の展望………………………………………………… 95
　　第5節　未解決の問題と今後の展望…………………………… 95

第6章　ことばと記憶…………………………………[上野泰治]… 101

　第1部　現在までの流れ…………………………………………101
　　第1節　言語と記憶の関係：多重貯蔵モデル…………………101

第2節　複数成分作動記憶モデル………………………………………102

　　第3節　言語獲得と作動記憶：言語獲得装置としての音韻ループ……103

　　第4節　言語獲得装置としての音韻ループ理論への反例……………105

　　第5節　読み能力と作動記憶…………………………………………106

　　第6節　発話と作動記憶………………………………………………108

　　第7節　文法（統語規則）学習と作動記憶の制約…………………112

　第2部　今後の展望…………………………………………………………115

　　第8節　計算機モデル：領域普遍的メカニズムか領域特異的メカニズ
　　　　　　ムか…………………………………………………………………115

　　第9節　現存する言葉の構造と記憶システムからの制約……………117

第7章　ことばと思考……………………………………[楠見　孝・平　知宏]…**123**

　第1部　現在までの流れ…………………………………………………123

　　第1節　思考を支える心的表象………………………………………123

　　第2節　言語が支える推論……………………………………………127

　　第3節　思考と言語理解を支える概念………………………………133

　　第4節　概念の比喩的拡張……………………………………………138

　　第5節　批判的思考……………………………………………………139

　第2部　今後の展望…………………………………………………………143

　　第6節　思考と言語の研究の今後……………………………………143

第8章　ことばと運動………………………………………………[望月正哉]…**146**

　第1部　現在までの流れ…………………………………………………146

　　第1節　ことばと運動の関わり………………………………………146

　　第2節　ことばの記憶における運動の役割…………………………147

　　第3節　ことばの理解が運動に与える影響…………………………148

　　第4節　運動がことばの理解に与える影響…………………………151

　コラム　行為‒文適合性効果の再現性………………………………156

　第2部　今後の展望…………………………………………………………157

　　第5節　運動によってことばの理解を促進する……………………157

第6節　ことばの理解における運動の役割：理解とは何なのか………159

索　　引……………………………………………………………………165

第1章　　ことばとマルチモダリティ

谷口忠大

◆ キーワード
言語獲得，単語発見，概念形成，交差状況学習，マルチモーダル情報統合

　　ことばと感覚運動器を通じた身体的な経験，つまりマルチモーダルな情報との
関わりについて概説する．ことばはただのテキスト列としての「言葉」として存
在するのではなく，言語獲得を行う幼児をはじめとした学習者にとっての世界に
存在する何かを表象する記号として獲得される．また言語獲得を行う幼児にとっ
てことばは音声という感覚情報として入ってくる．その音声というモダリティ情
報の中から幼児は単語や句に対応する言葉を見出していく．そしてその言葉と自
らの感覚運動器から得られるマルチモーダルな情報との関係性からその意味を見
出していく．本章では特に単語発見（もしくは単語分割），マルチモーダル情報
統合による概念形成と言葉の意味学習，交差状況学習について，構成論的な視点
から概説する．また大規模言語モデルと呼ばれる人工知能技術の発展により見え
てきた言語理解に関わる新たな展望に関しても説明する．

|||||||||||||||||||||||||||||||| **第1部　現在までの流れ** ||||||||||||||||||||||||||||||||

第1節
ことばの学習とマルチモーダルな経験

(a) ことばとマルチモダリティ

　　「ことばを学習する」ということは第二言語学習である英語の授業風景を想
像して，単語を暗記したり，文法規則を学習したりすることのように錯覚しが
ちだ．しかし元来，ことばはマルチモーダル（multimodal，多感覚，多感覚様
式）な存在である．私たちは視覚や聴覚，触覚，体性感覚といった様々な感覚
経路を持ち，身体を通して環境の情報を知覚する．また全身の運動を通して環
境に働きかける．この感覚経路のことをモダリティ（modality）と呼ぶ．また
複数の感覚経路を持つこと自体をマルチモダリティと呼ぶ[1]．マルチモダリ

---
1)　第1巻第1章と第4章，第2巻第8章第2節を参照.

ティ（multimodality）が名詞形であり，マルチモーダルが形容詞形だ．

　発達心理学の父でもあるピアジェを代表的な思想家とする構成主義ではむしろ主体にとっての認識世界とはそのような感覚運動情報から構成されるものとして捉えてきた（ピアジェ，2007）．生物記号論を展開したユクスキュルはその環世界論においてあらゆる生物は自らの感覚器と運動器に閉じた世界——環世界の中を生きていると考えた（ユクスキュル・クリサート，2005）（第1巻第1章参照）．哲学的な議論に踏み込むことはしないが，この世に生を受けて，今まさに，この環境を動き回る幼児らは，自らの感覚運動器を通した経験から世界を構成し，親をはじめとした周囲の人々と触れ合いながらことばを学習していく．

　幼児が単語や句といった言葉を覚えるシーンを想像してほしい．彼らは周囲の大人から声をかけられる．その言葉は彼らの聴覚から連続的な音声信号として知覚される．その音声信号において単語や音素の境界は明確ではない．そもそも境界などア・プリオリには存在していない．彼らは周りの大人たちが話す音声から言葉を発見していかなければならない．その1つ1つは彼らにとって創造的であるとさえいえる．そのときに用いるのは音声情報だけではなく，その音声が発話される状況も彼らにとってのヒントになり得るだろう．第2節ではこの単語発見（word discovery）もしくは単語分割（word segmentation）の問題をマルチモダリティとの関係において説明する．

　音声から単語を切り出せたとしても，言葉がただの音声の断片であったり，文字列でしかなかったりしたとしたら，それはその幼児が言葉の意味を知っていることになるだろうか？　特に物の名前に関していえば，言葉の意味は，その物が自らにとって「いかなるモノであるか？」という側面が重要である．つまり自らの感覚運動器を通した経験に関して，どのようなまとまりを持つものであるか，ということである．マルチモーダル情報の統合と言葉の意味の関係に関して第3節で説明する．

　私たちは言葉の意味を覚えるというと，単語とその定義やそれが指し示す物が示されてその対応関係を一対一で覚えるような状況を想像しがちだ．ロボットの学習でいえば，目の前に果物のりんごを手に持って見せて「りんご」と単語を人間が発話するような状況だ．しかし，これは幼児にとっての現実を表し

ていない．幼児はより連続的な状況に置かれる．ことばは単語ではなく単語の並びとしての文として与えられ，目の前には様々な物体が存在し，また1つの物体も色や形など様々な属性を有している．そのような状況で幼児はそれぞれの言葉が現在の状況のいかなる側面を表現しているのかを理解し，学ぶ必要がある．これが交差状況学習であり第4節で紹介する．

2010年代末に人工知能は特に言語処理において大きな進歩を得た．2020年代初頭には大規模言語モデルと呼ばれる技術が広く普及し，言語学習という現象に対する私たちの理解を一変させつつある．第5節ではマルチモダリティとの関係に着目し紹介したい．

本章ではこれらの分野に関する実験心理学研究の解説は他書に譲り，特に構成論的なアプローチに注目する[2]．人間の認知に対する構成論的なアプローチとは，その認知や発達の過程を表現する人工知能やロボットによるモデルを作ることで，その過程に関する理解の枠組みを得るアプローチである（谷口，2014）．

第2節 単語の発見

(a) 単語知識が先か，単語分割が先か？

私たちの発話文は単語の連結によって生成される．基本的に，文は単語の統語的な（文法規則に則った）結合により作られる．しかしこの基礎となる単語[3]のまとまりは幼児にとって生まれながらに持っているもの（生得的）ではない．幼児は自らの親や周囲の人々の発話を受け入れながら，その中で徐々に言葉を発見し，聞き取れるようになっていくのだ．

人間の音声言語には，文が単語という単位に分割され，単語が音素という離散的な単位に分割されるという二重分節（double articulation）構造がある（池上，1984）．人間が使うあらゆる音声言語において単語は有限種類の音素の結合によって作られる．

幼児の発達においては0歳児のかなり早期に音素の識別能力は獲得されるこ

---

2) 乳幼児期における音素や単語の獲得に関する実験心理学研究に関しては林（2006）などによくまとめられているので参照されたい．

3) 厳密には意味の最小単位は形態素と呼ばれるが，ここでは簡単のため単語という言葉を用いる．

とが知られている．ここで音素の識別能力といったが，むしろ幼児は同じ音素カテゴリに含まれる音を区別できなくなることで識別能力を得ていくといわれている（Werker and Tees, 1984）．

さて任意の音声発話を聞かされたときに，幼児はどうやってその音列の中から単語を見出すのだろうか．例えばもし音声信号からの音素の認識ができたとして "korewaringodesu" という音列が入ってきたとしよう[4]．単語の知識を用いることができれば単語のまとまりを見出すことができるだろう．指示語の「これ（kore）」，助詞の「は（wa）」，助動詞の「です（desu）」，名詞の「りんご（ringo）」を知っていれば，その知識を当てはめることで音列を "kore-wa-ringo-desu" という単語の列に変換できそうだ．しかし事前に単語を知らない幼児にとって，これは問題解決にならない．単語を知っていれば音列を分節化できそうだが，文を分節化できなければ単語を知ることができない．まるで「卵が先か鶏が先か」だ．

この問題は，ある種の確率モデルに基づいた繰り返し計算により問題なく説明できることが知られている．文の分節化は数学的には「もっともらしい単語の列を与えられた文の裏に見出す」ベイズ推論として定式化される．ゴールドウォーターや持橋らによって提案された教師なし単語分割の数理モデルについて概説したい（Goldwater et al., 2009；Mochihashi et al., 2009）．

例えば文 "korewaringodesu" に対して，その裏に存在する単語の並びには "kore-wa-ringo-desu" のほかに "korewari-ngod-esu" や "ko-rewa-ring-o-desu" のように様々な可能性がある．文に対して適切な単語の列とは，その単語の列がどれだけ自然に出てきやすいかという確率によって表現される．この確率は多くの単語の列を数多く観測する中で計算することができる．ここで文を単語に分節化することは，ベイズの定理によって計算された，もっともらしい単語列の可能性からその確率分布に基づいてサンプリング（確率的に推定）することに相当する．そうやって暫定的にサンプリングされた単語分割から，今度はどんな単語が存在するのか，どんな単語がどんな単語の次に出てきやすいか，

4）　ここでは簡単のため音素表記にローマ字のアルファベットを用いている．厳密に議論する際には国際音声記号（International Phonetic Alphabet: IPA）を用いる．

といった知識をさらにベイズ推論によってサンプリングするのだ．これを繰り返すことで全体としてマルコフ連鎖モンテカルロ法と呼ばれる近似的なベイズ推論が構成され，徐々に妥当な単語分割が実現されていくことが知られている．幼児による単語の知識の獲得に関わる「卵が先か鶏が先か」の問題は確率的な視点からは矛盾なく説明することができる．

このように音素列から構成される文が得られた場合，その音素の並びが十分にあればその統計的な性質からある程度単語を見出すことができる．この音素の並びの分布に関する情報は分布上の手がかり（distributional cue）と呼ばれる．サフランらは無意味な音列のパタンを幼児に聞かせることで，8か月児でさえも分布上の手がかりから単語の単位を見出せることを示している（Saffran et al., 1996a）.

上の分布上の手がかりからの単語発見に関する議論で "korewaringodesu" という正確に書き起こされた音素に対応する記号列から私たちは始めた．しかし，幼児の発達や，実際の音声情報が持つ不確実性を考えると，この仮定自体が大変に人工的である．そこで谷口らはゴールドウォーターや持橋らのアプローチを音声データから始める音素と単語の教師なし学習にまで発展させた二重分節解析器と呼ばれる確率モデルを提案した（Taniguchi et al., 2016）．これによって音素と単語の発見が互いに助け合いながら「間違いのない音素認識」から始めずともある程度の音素と単語の獲得が音声データからできることを示した．

(b) 韻律情報の活用

一方で，分布上の手がかりは誤りのない大量の文章データ（沢山の発話の刺激）があった場合に有効ではあるが，幼児にとって即時的に活用できる手がかりではない．「即時的に活用できる」とは「その瞬間に得られる刺激そのもの」が分節化のための手がかりを含むことを指している．

例えば，韻律的手がかり（prosodic cue）はこの意味で即時的な手がかりである．「これはりんごです」といったときに，しばしば私たちは「これは」と「りんごです」の間に小休止を挟む．また，時に「は」と「です」を強めて発話する．韻律あるいはプロソディー（prosody）とは，発話における音声学的な性質をいう．つまり，「これはりんごです」と書き言葉にした途端に消えてしまう多くの音声的な情報だ．具体的には抑揚，強勢，音長，リズムなどが含まれ

る．私たちの自然な発話の中で，重要な単語を強調したり，疑問文の文末を上昇調にしたりすることも韻律の一種である[5]．幼児は分布上の手がかりよりも早くから韻律的手がかりを用いて単語の分節化を行っているとされる (Jusczyk et al., 1999).

韻律的手がかりは即時的な情報であり，その瞬間の情報により単語の境界やまとまりに気づくことができる．例えば「これは」「りんごです」の間にある小休止（無音区間）などがそれにあたる．分布上の手がかりのように他の大量の発話との相対的な関係性でしか単語の境界を推定できないわけではない．しかし，一方で，韻律は感情表現などもコード化するためにそれによっても変化する不安定な情報源でもある．「これは」「りんごです」の間の無音区間も常に存在するわけではないし，もちろんあらゆる単語の間に無音区間があるわけではない．また無音区間によりかかりすぎる形で単語分割を考えると，「びっくり」の「っ」（促音）は音声データとしては無音区間となり「び」「くり」で分割されてしまうことになる．

では，分布上の手がかりと韻律的手がかりのどちらを幼児は単語発見や単語分割に用いているのだろうか．これに関しては両方を総合的に用いているというのが答えであろう．

どのようなときに韻律情報がより有用となるだろうか．構成論的な視点からの示唆を与えたい．それは分布上の手がかりだけで単語分割が難しい場合である．その1つが単語の分布そのものの性質から来るものである．分布上の手がかりから単語を発見しようとする際，すべての単語がまんべんなく出てきているならば，そこから単語の単位を発見することは比較的たやすい．しかし，人間の言語はそうなっていない．人間の言語において単語はべき乗則という分布則に従っていることが示されている．簡単にいうと，人間によって書かれた文書集合を持ってきた際に，高頻度で出てくる単語がある一方で，1回や2回くらいしか出てこない低頻度語が大量に現れるということである．このような言語の持つ特性は，単語のまとまりに気づくのを難しくさせる．このような分布上の手がかりの利用が難しくなる状況で，韻律的手がかりなどの付加的な情報

---

5) ただしこれらもやはり日本語や中国語，英語といった言語に依存する．

が活きてくると考えられる．奥田らは谷口らの二重分節解析器に韻律情報を融合させることで，単語の分布がべき乗則に従うような状況において韻律的手がかりがより単語の分節を助けることを計算論モデルに基づいて示している（Okuda et al., 2022）．

第3節
概念形成とマルチモーダル情報統合

(a) 記号における恣意性

　言語は記号システムの一種であり，記号システムはその特性として恣意性を有する．恣意性とはサインと対象の関係が一意的には定まっておらず，慣習や文化などに依存するということを意味する．記号システムには大まかにいって2種類の恣意性が存在する．ラベル付けの恣意性と分節化・カテゴリ化の恣意性である．ラベル付けの恣意性とは，とある赤色の果物のことを日本語では「りんご」と呼び，英語では "apple" と呼ぶといった名づけ方に関する恣意性である．一方で，分節化・カテゴリ化の恣意性とはどのような対象を環境から切り出し，どのようなまとまりでもってあるサインと対応づけるかという恣意性である．

　例えば赤色の果物に関連する存在を指す名前として「ぽぽぽん」というサインを用意したとしよう．これが「りんご」を含むとする．はたして「ぽぽぽん」は「青りんご」や「梨」を含むのか，はたまた「りんごジャム」「アップルティー」を含むのか．これは「ぽぽぽん」という言葉を使うコミュニティが「ぽぽぽん」をどのように用いているかによる．これがカテゴリ化の恣意性である．世界の事象を分節化したときにそこにも似た恣意性が生まれる．例えば虹の色の種類が言語によって異なるというのは有名な事例だ（ドイッチャー，2012）．

　さて，ことばを学ぶ幼児は，ある意味で，すでに世の中に存在している言語知識を内化するわけであるが，その内化はすでに幼児が持っている『りんご』のカテゴリに「りんご」というラベルを対応づけるというような単純なものではない．言語優位な世界観に立てば『りんご』というカテゴリを作るのは，その言語における「りんご」という言葉なのである．「りんご」という言葉が恣意的に表象する対象が『りんご』というカテゴリであるということになるが，はたして言語とはそれほどまでに絶対的な存在であろうか．例えば幼児は，ある物体に対するラベル（例えば「ペットボトル」）が少数与えられると，その

知識をその物体のカテゴリへと一般化できることが知られている．そもそも私たちは言語を持たないとしても，世界の事物を認識し，それに基づいた行動をとれなければならない．例えば，言語を持たない動物であっても，自らの捕食者を他の動物から区別するし，食べられるものと食べられないものを区別する．耳の聞こえない人間が，物体の区別をできないわけではない．そもそも同一カテゴリに属する物体はしばしば視覚的にも触覚的にも，食べ物であれば味覚的にも類似していたりする．カテゴリや分節の境界を作る情報は言語だけから来るわけではないのだ．ここにことばを支えるマルチモダリティのもう1つの貢献がある．

(b) マルチモーダルカテゴリ形成

私たちが「りんご」という言葉を知っているということと，『りんご』というカテゴリを知っているということは別である．一般的にカテゴリとはどのような対象がそのカテゴリに含まれ，どのような対象がそのカテゴリに含まれないかという区別に対応する．内側と外側を区切るもの，もしくはその結果がカテゴリである．認知科学ではしばしばカテゴリと同じように使われるのが概念である．カテゴリに対し概念はあるカテゴリを形成するための知識と考えてもよいだろう．記号論的な言い方をするならば概念とは世界を分節化（差異化）する知識である．

私たちにとって『りんご』は何であろうか．それは（多くの場合において）赤くて，球形をしていて，ずっしりと重く，表面が比較的ツルツルした果物であろう．その果物は切ると瑞々しい匂いがして齧りつくと果汁が溢れ少し酸味のある甘い味がする．これらは視覚，聴覚，嗅覚，味覚，触覚，力覚[6]といった私たちのマルチモーダルな情報に基づく．

『りんご』の概念はマルチモーダルな情報に基づくものにとどまらず，日本では「青森県で生産量が多い」とか，「果物の一種」であるとか，「木になる」とか，言語的な説明により構築される社会的な知識によっても支えられる．また「お見舞いの贈答品に用いられる」「果物ナイフで剝く」といった文化的な

---

6) 力を感じる知覚のこと．特に工学の分野では皮膚感覚を表す触覚と，深部感覚で力を感じる力覚を区別する場合が多い．

性質や,「転校した親友がいつもお弁当に入れていた」などといったエピソードと紐づいているだろう. とはいえそれらの知識を学ぶのは幼児の発達過程でいえばかなり後である. ピアジェは認知発達の初期に感覚運動期(0〜2歳ごろ)という第一段階を考え, その期間に幼児がマルチモーダルな感覚情報の同化,調節を繰り返すことで, シェマ(図式)と呼ばれる認知の枠組みを形成すると説いた. 認知心理学においては, ローレンス・バーサロー(Lawrence W. Barsalou)の知覚的記号システムという考え方に対応する(Barsalou, 1999). これは私たちが世界を認識する枠組みにおいて「りんご」のような言葉が必ずしも先にある必要はなく,『りんご』の概念に対応する内的表象(内部表現)が, 視覚や触覚などのマルチモーダルな感覚情報に基づく経験からボトムアップに形成されるという考え方を示している. 言葉による区別なく, マルチモーダル情報から世界の分節化を行うことは如何にして可能なのだろうか.

中村ら(Nakamura et al., 2009)はロボットが自らのマルチモーダル情報だけから物体のカテゴリ形成を行うことのできる確率モデルを提案した. この研究では人間が形成するのによく似た物体カテゴリをロボットが形成できることが示されている. ロボットは物体をつかむことでセンサ情報から触覚情報を得て, 振ることで音を聞き, いくつもの角度から眺めることで視覚情報を得る. このマルチモーダルな感覚情報をうまく予測できるように, つまりその確率分布をうまく表現できるように確率モデルの内部変数を学習(ベイズ推論)することで, 人間が自然に思いつくのと似た物体カテゴリを, ロボットが自動発見できることを示した.

もちろんこのような感覚運動情報だけからボトムアップに形成される物体カテゴリは人間が「りんご」という言葉によってカテゴリ化する対象とは必ずしも一致しない. 例えば, 私たちにとって皮が剥かれたりんごも『りんご』であるし, 色の薄い青りんごも『りんご』ではある. ちなみにプラスチックでできたりんごのおもちゃも『りんご』かもしれない. ここに物体カテゴリ形成, および物体概念形成における不確実性がある. やはり私たちの社会における『りんご』の概念を学習するためには「りんご」という言葉を知ることは必要であろう.

(c) 対応関係の手がかり

発達心理学者のジェニー・サフラン(Jenny Saffran)は, 幼児が様々な手

がかりを用いて単語分割や単語発見を行っていることを指摘する（Saffran et al., 1996b）．その中でも，分布上の手がかり，韻律的手がかりに加えて重要なのが対応関係の手がかりである．

対応関係の手がかりとは，単語の発見や分節化において，言葉に対応する外部情報が与える手がかりである．例えば「これがりんごです」「りんごをとって」「そのりんごはちょっとじゅくしているよ」などといった言葉が，目の前に赤い果物がある状況でいわれたとしよう．そうした場合，これらの文の中には，目の前の赤い果物に対応した共通の単語が潜んでいる可能性が高いと考えるのは自然だろう．単語発見においてこのような，外部情報との対応関係に関する統計情報は役に立ち得る．

しかし，そもそも「りんご」という言葉を周囲で語られる音声発話の中から発見しその言葉を覚えなければ，幼児は「りんご」という言葉により世界の事物を分節化し，その言葉に依存した形での同一性を見出すことができない．再びここで「卵が先か鶏が先か」の問題が生じる．つまり幼児は物体概念を持つから単語をうまく発見できるのか，それとも単語をうまく発見できるから物体概念を形成できるのかという問題である．そしてそれに対する答えは，やはり前節で述べた回答と同様である．それらはどちらが先というわけでもなく，音声とマルチモーダル情報の双方における分布特性からその内部構造を推論しながら，それらを相互作用させることにより，単語と物体概念の学習を相乗効果的に進めていくのである．

先に述べた中村らは，マルチモーダル物体概念形成手法と単語発見手法を統合し，これらを交互に学習させることにより，音素の誤認識による悪影響を和らげながら，物体概念の形成と単語発見を相乗効果的に実現できることを示した（中村ほか，2015）．この研究では，ロボットが音素に関する音響的な知識を持つことは仮定されていたが，これに対して谷口らは二重分節解析器とマルチモーダル物体概念形成手法を統合することで音素，単語，マルチモーダル物体概念の発見と獲得をできることを示した（Taniguchi et al., 2023）．これらの研究では，マルチモーダル情報によって形成される物体カテゴリが完全なものでなかったとしても，その情報を参照しながら単語発見を行うことが，単語発見の精度を向上させることが示されている．つまりこれらにより確率モデル

を通してマルチモーダル情報統合が対応関係の手がかりを与え，音列からの単語の発見に重要な影響を与えることが構成論的な視点から示された[7]．

第4節
交差状況学習と見出される意味

(a) 交差状況学習

　言語を獲得する主体にとって，世の中の事物は1つの言葉に対応する存在として，個別に分離されているような単純な状況の中にあるわけではない．複合的な状況と，文を構成する複数の単語の並びがどのように対応するのかは自明ではない．

　例えば机の上に赤い果物がある状況において「これはりんごです」といったときに，事物と言葉の対応関係に関して2つの不確実性が存在する．1つ目は，どの単語が対象となる事物を表しているのかが分からないという不確実性だ．もし単語分割が適切にできたとしても，目の前の赤い果物を表しているのが「これ」なのか「は」なのか「りんご」なのか「です」なのかが分からない．2つ目は，ある単語がどの事物のどの側面を表しているのかが分からないという不確実性だ．環境に存在する事物を自らのマルチモーダル情報に基づいて，うまく分節化・カテゴリ化できていたとしても，「りんご」がそのいずれを表しているのかが分からない．「りんご」は赤い果実のことなのか，それが載っている白い円盤のことなのか，はたまたその隣にある尖った銀色の器具なのか．「りんご」という言葉が目の前の赤い果実のことを指しているのだと分かったとしても，「りんご」という言葉は，その種類としての赤色の果実（『りんご』）を指しているのか，その色（『赤』）を指しているのか，その形状（『球形』）を指しているのか，より広い食べ物のクラス（『果実』）を指しているのかが分からない．

　このような不確実性は一度きりの状況と発話のセットとしての刺激では解消することができない．思考実験をしてみよう．目の前に『りんご』があったときに「これはりんごです」といわれたとする．そこで目の前の赤色の果実を「り

---

7)　なお一方で，このような対応関係の手がかりが音素の分節化，および発見に関しては特にそれを改善するような影響を与えなかったことを谷口ら（Taniguchi et al., 2023）は報告している．またこれは韻律情報を組み込んだ奥田ら（Okuda et al., 2022）の研究でも同一である．

んご」として学習できると思うかもしれない。しかし次のような状況と発話が続いたらどうだろう。ある世界に迷い込んだあなたは，以下のような経験をする。目の前に『さくらんぼ』があったときに「おいしそうなりんごね」，信号機が『赤色』に光っているときに「止まって，りんごよ」，膝を擦りむいて『血』が出ているときに「すごいりんごね」，燃えている『炎』を見て「熱いりんごね。」ここまで来るとあなたは，その世界で「りんご」という言葉は果物ではなくて，むしろ赤い事物一般を指していると気づくのではないだろうか。

上の例でも分かるように，言葉と事物の対応関係は一度きりの状況と発話のセットから推定できるものではない。様々な異なる状況で様々な表現が現れ，それを経験することで私たちは言葉と事物の関係を学習することができる。これを交差状況学習（cross-situational learning）と呼ぶ。

交差状況学習の構成論には様々な種類があるが，前節で述べた物体カテゴリ形成の延長線上で行われた研究について紹介しよう。谷口ら（Taniguchi et al., 2017）は物体カテゴリだけでなく，運動を表す姿勢や，色，位置といった異なるクラスのカテゴリを形成しながら，どの単語がどのカテゴリを表すかという対応関係と，さらにどの単語がどういうクラスのカテゴリを表すかの対応関係をロボットが学習できる確率モデルを提案した。図1.1に，谷口らが行った，ロボットによる交差状況学習の実験の様子を示す。ここでロボットは，物体に手を伸ばしたり，叩いたりしながら，それを表現する発話「左　青い　ボール　叩く」などを聞く。この結果，ロボットは例えば「左」が位置を表していて『左』側の位置に物体が存在している状況を表していると理解することができるようになった（Taniguchi et al., 2017）。

第5節
大規模言語モデルとマルチモーダル情報による意味の創発

（a）構成性原理とディープラーニング

本章ではこれまでことばの学習，もしくは言語の獲得を単語の意味や個別の概念に焦点を当てて論じてきた。そこではいかに「単語」が獲得されて，その意味が学習されるか，という問題が主題化されていた。だからこそ「単語」に紐づくだろう概念の形成に焦点が当たってきた。私たちは言葉について論じるとき，日常的に単語という単位とその意味に焦点を当てがちだ。「え？　○○っ

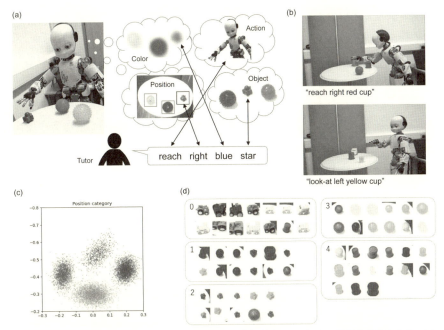

図 1.1 (a) 交差情報学習を行うロボットの概要図，(b) 実際のロボットの様子と対応する文，(c) 形成された位置のカテゴリ例，(d) 形成された物体カテゴリの例（Taniguchi et al., 2017）

てどういう意味？」というときに言及される「○○」は単語であることが多い．しかしこのように言語の獲得を「単語」という単位に落とし込み，その意味としての概念の形成に焦点を当てるという考え方はそれ自体妥当な「ことば」の見方なのだろうか．

このような単語の意味に基礎を置く考え方自体が，私たちが前提として受け入れがちなある種の言語観を映し出している．文は単語の並びにより構成されており，その単語の並びは文法に支配され，その文の意味は単語の意味の統語論的な結合によって決定されるという考え方である．これは構成性原理と呼ばれる．構成性原理は文や句といった複合表現の意味が，「部分的な要素の意味」と「その要素の一定の合成手順」によって決定するという考え方である[8]．こ

---

8) 構成性原理に基づく辞書・文法モデルと後に触れる用法基盤モデルの対比に関しては大谷（2019）が分かりやすい．

のような考え方に立てば，単語とその意味を持つ辞書とそれを合成する規則とその性質に関する文法知識を持つことが，言語の知識を持つことに対応する．それゆえに単語を学ぶことと，文法を学ぶことに言語学習の焦点が当たることになる．学校教育における第二言語学習（英語教育など）においてはその影響が色濃く現れているように思われる．

これに対置されるのが用法基盤モデル（usage-based model）である．用法基盤モデルは認知言語学における用語であり，言語の構造を実際の言語使用によって形作られるものとして説明する．つまり単語の意味や文法を先に存在する体系として仮定せずに，実際の言語使用やその定着といった観点を基礎に置いて言語現象を理解する．

しかし実際の言語使用を基盤に置くとはいっても，単語という単位は確かに存在するように思われるし，文法規則はやはりそれなりの確からしさを持って存在しているように思われる．逆にいえば，このようなものを明示的に仮定せずに文や句の意味を理解することは可能なのだろうか．このような問いに対する構成論的な根拠が2010年代後半から人工知能，特に自然言語処理の分野で深層学習（ディープラーニング）の技術に基づいて示されてきた．そしてそれは大規模言語モデルという形で2010年代末にその有用性が認められるに至り，2020年代初頭には自然言語処理のみならず人工知能分野全体の代名詞的な存在として語られるまでに成長した．2022年末にOpenAI社から発表され，世界中の一般ユーザへと一気に広まったChatGPTなどはその典型例である．本章の文脈で注目すべきはChatGPTをはじめとした大規模言語モデルは単語の意味も教えられていなければ，文法規則も教えられていないということだ．さらに単語という単位から始めてさえいない．

（b）計算論的な言語モデル

2010年代後半から人工知能分野で発展し，広く使われるようになった大規模言語モデルの仕組みについて簡単に説明しよう[9]．「言語モデル」という概念自体は古くから用いられるものであり，一般的には文章や話し言葉における，

---

9) 以降の説明は自然言語処理に関する一般的な知識である．詳細は自然言語処理の教科書などを参照されたい．推薦図書にも示した岡﨑ら（2022）などが2020年代前半時点での自然言語処理のよい日本語のテキストである．

第1部　第5節　大規模言語モデルとマルチモーダル情報による意味の創発　　*15*

ある単語列が出現する確率を計算するためのモデルである．ある意味で自然な文と不自然な文を区別するものであり，また，文を自然に生成する知能を表現したモデルといえるだろう．

　最も簡単な言語モデルはバイグラムモデル（bigram model）と呼ばれるモデルである．これはある単語が出てきた際に，その次にどの単語が出てくるかを確率分布としてモデル化したものである．例えばある文書集合において「りんご」の次に「は」が10回中1回出てきているのであれば，この文書集合においてバイグラム確率は P(は | りんご) = 0.1 である[10]．

　言語モデルにおいて「その次にどの単語が出てくるかを確率分布としてモデル化」するということは，「次の単語を予測する」ということとほぼ同じである．もちろんその前の1つの単語だけでは，次の単語を予測することは困難である．2単語の並びをとってくることで過去の1単語から次の1単語の生起確率を計算しようという考え方は，N単語の並びをとってくることで過去のN−1単語から次の1単語の生起確率を計算しようという考え方に一般化される．これがNグラムモデル（n-gram model）である．ここでNグラムとはN単語の並びのことである．

　さて私たちは適切なNグラムモデルをどのように得ることができるのだろうか．Nグラムモデルはその定義自体は簡単であるが，1つ大きな問題を抱えている．それはNが大きいと計算の前提となるN−1個の単語の並びがほとんどの場合，一度限りしか生起しないという問題である．大学受験までに高校生が身につけておくべき英単語の数は約3,000語といわれることがある．20単語の並びになればその組み合わせは「無量大数（10^{68}）」に至る．私たちの読み聞きする文の数は有限であり，一日に10万単語（文庫本一冊分）を生まれてからずっと経験し続けたとしても一生のうちに私たちが得る単語の並びの数はたったの100億（10^{10}）程度である．Nグラムが本来持つ単語の並びの可能性に関しては少ない．これは私たちの出会う言葉の並びに対して，私たちは「そのとおりの言葉の並び」を一度も経験していないことが多いことを暗に意味している．ゆえにバイグラムの事例で示したような「過去の文章にどれだけその

---

10)　ここではデータから最尤推定によりバイグラム確率を計算することを前提としている．

並びが出てきたか」という統計からその N グラム確率を計算するという考え方がほとんど意味をなさないということを意味している.

これまでの経験からまだ見ぬ事象の確率を予測することを,機械学習では一般的に汎化（generalization）と呼び,機械学習という学問の根幹をなす.つまり N グラムモデルに関しては初めて出会う単語の並びに対して,次の単語を機械学習により予測することが事実上必須となるのである.

2010 年代に深層学習（deep learning,ディープラーニング）の発展によりニューラルネットワーク（神経回路網）に基づく機械学習が注目を集めると言語モデルをニューラルネットワークにより近似する研究が広がった.その 2010 年代におけるニューラルネットワークによる（広い意味での）言語モデルの代表的な成果がニューラル機械翻訳であろう.例えば日英翻訳では,日本語と英語における単語の並びとその対応関係をニューラルネットワークによって学習する.これにより実用に耐え得る機械翻訳技術が実現された.

特に注意機構（attention mechanism）を備えた Transformer と呼ばれるニューラルネットワークが提案されてからは,ニューラルネットワークに基づく言語モデルの発展は加速度的に進んだ.長い文脈情報を取り込んだ後続の文字列を予測することが可能になった.

(c) 大規模言語モデルと言語的知識の獲得

この発展を踏まえてこのニューラルネットワークの規模と学習データの規模をどんどん大きくしていくと,驚くべき事実が明らかになっていった.文を予測するだけの言語モデルに機能が創発することが明らかになったのだ（Brown et al., 2020）.そのような言語モデルは特に大規模言語モデルと呼ばれる.

例えば OpenAI が開発した大規模言語モデルである GPT-3 で質問文を入れるとその文に対する応答文を「後続の文字列」として生成できることが分かった.日本語を入力して「これを英語に訳すると」とつなげて入力すると英語に訳した文が「後続の文字列」として出力されるのである.これはすべてそれらに類した質問応答の履歴や和文英訳の対訳コーパスを学習データの中に持っているから可能になるのではあるが,上に示した汎化能力に基づいて,初めて見る文に関しても適切な文を返すことができる[11].

ここで本節の冒頭へと立ち返りたい.冒頭で私たちは単語を単位として,与

第1部　第5節　大規模言語モデルとマルチモーダル情報による意味の創発　　*17*

えられた文法規則を用いて意味のある文を作るという言語観に触れた．しかし，2010年代に普及したニューラル機械翻訳に始まり，現在の大規模言語モデルは「単語を単位として，与えられた文法規則を用いる」という世界観からは逸脱している．単語を入力としてもよいが，多くの場合入力に用いられるのはサブワードと呼ばれる単語より小さな単位である．音素や音節を入力としてニューラルネットワークを学習することも可能である．また文法規則に関する事前情報は明示的な形では一切与えない．それらはすべて与えられたコーパス（言語資源）から学習されるのだ．しかもその文法規則というのは明示的な形では学習されない．あくまでニューラルネットワーク内部の重み（学習パラメータ）という形で暗黙的に保持されるのだ．

　明示的な法則を学ばないがゆえにしばしば複雑な文法の処理に失敗したり，機械翻訳においては入力文に存在しない単語を訳出してしまったりする．しかし一方で，入力の文に誤りが混ざっていたり，文法的におかしい要素が含まれていたりしても，柔軟に処理し，何らかの出力を出す．言語学ではしばしば文法的な制約を満たさない文を非文と呼び類別する．しかし，人間は日常生活の会話の中でしばしば文法的にはおかしいし意味の通らないような非文を量産する．一方で，そのような文法的な規則に従わないような文に対しても何らかの意味を見出し，対応することができる．単語と文法規則に重きを置くような言語観はどこかシステマティックで「機械」的と思われるかもしれないが，実際には今の「機械」学習に基づく人工知能はもっと柔軟かつ連続的で非システマティックな形で言語処理を行っているのである．そういう意味において，現在の大規模言語モデルは用法基盤モデルの考え方に親和性が高く，また人間の認知発達を通した言語獲得の形により近いのかもしれない．

　さて，では言語獲得において，第2〜3節で議論した単語発見や単語分割の議論はそれ自体が古い議論であり意味がないかというとそういうわけでもな

---

11)　これをさらに一般的な言語モデルから質問応答のシステムへと特化する形で，「ある質問に対してはどう返すべきか？」に関しての人間によるフィードバック情報を与えてさらに訓練したものがChatGPTである．様々な言語処理タスクにおいてChatGPTがこれまでの人工知能ではなかった高い性能を示すことは，言語を扱う知能の構成に関して極めて重要な示唆を含んでいると考えられる．

い．第2〜3節のモデルはやはり幼児が言語的な刺激をただ入力として受け取ってその予測から内部的に文を形成する音列の単位を見出そうとする．実際のところ，第2〜3節で紹介した確率モデルが出力する単語の単位は，言語学的な意味の単語よりも細かな分割，つまりサブワードに近いものになることが多い．また，単語の分節化結果は，確定的に決まるというよりかは，あくまで確率的に求まる．これらの研究もすでに構成論的な視点から「正しい単語の単位などないのではないか？」というような含意を有していた．

(d) マルチモダリティと大規模言語モデル

大規模言語モデルとマルチモダリティの関係に関して，2点述べておきたい．1つ目は大規模言語モデルのマルチモーダル化であり，2つ目は言語が持つマルチモダリティの基盤である．

2023年3月14日にOpenAI社は新たな大規模言語モデルのバージョンであるGPT-4を発表した．その性能は多くのベンチマークテストで標準的な人間を上回り，衝撃的なニュースとして世界を揺るがした．すでに存在していたChatGPTブームをさらに後押しする形になった．このGPT-4の特徴はGPT-3よりもずっと大きな言語資源で学習していることに加えて，大量の画像も用いて学習していることにある．これによってGPT-4は写真に関する質問に回答できたり，図表を含んだ試験問題に回答できたりする．これに先行してCLIPと呼ばれる言語と画像を同時学習したモデルが発表され，人工知能による画像生成のための言語指示理解をはじめとして様々なタスクで広く用いられてきた（Radford et al., 2021）．また，GoogleのPaLM-Eも大規模言語モデルに視覚情報を統合することで，実世界で動作するロボットの言語理解などに活用しようとしている．GPT-4の飛躍的な性能向上におけるどれほどの部分が言語資源の大規模化によるものなのか，それとも画像情報を用いることによるマルチモーダル化によるものなのか明確に切り分けることは難しい．しかし，言語と画像を中心としたマルチモーダル情報の学習が人工知能の言語的知識自体を改善することは多くの研究で支持されている．そもそも人間の言語学習は発達過程を考えても，実環境におけるマルチモーダルな経験と同時発生的に生じる．そして言語の意味はしばしば現実世界の構造の中に紐づけられる．この意味においてマルチモーダル情報が言語理解自体にとって重要な役割を果たす

というのは妥当な理解であろう．ボンら(Vong et al., 2024)は1年以上にわたって子どもの一人称視点動画を記録しCLIPに類似した視覚と画像の同時学習モデルに学習させることで本章で紹介してきたモデルと同様に言語やその概念を獲得できることを示している．

　次に言語学習自体が知能にもたらす実世界の事象理解に触れよう．近年，言語資源のみで学習された大規模言語モデルが見せる言語使用は，実世界の事物を直接に体験したのではないかというような印象さえユーザにもたらす．また，ロボットのプランニングをはじめとして様々な実世界のタスクへの応用もなされている．まるで大規模言語モデルにおいて言語を徹底的に学習することが，私たちがマルチモーダル情報を通して得る実世界における事物の理解に類したものを，人工知能に与えているようにさえ思われる．これに対する説明として，そもそも言語が人間の持つマルチモーダル情報に基づいているという考え方がある．言語はそもそも人間が生み出してきた存在である．環境や他者との相互作用を通して人間が言語を含む記号系を形成することを記号創発と呼ぶが，その基礎は人間自らの感覚運動系を通した世界の経験にある．まさに第3節で触れたようなピアジェのシェマ理論や，マルチモーダル情報に基づく物体概念形成のような現象が，私たちが社会の中で言語を作っていく現象の基底にあるのだろう．筆者らは記号創発が人間社会による現実世界の協同的な符号化として生まれたのではないかという集合的予測符号化仮説を提案している（谷口，2022a，2024）．この視点からすれば言語とはその構造自体にマルチモダリティの基盤を有しているということになる．言語を学ぶことで私たちは世界をマルチモーダル情報に基づき理解することで得られる構造に似た構造を学習することができるのかもしれない．

第2部　今後の展望

第6節
まとめと展望

　本章では，周囲で発話される言葉からの単語の発見（あるいは単語分割）を導入として取り上げた．これは実世界の中で幼児が言葉を覚えていく過程の一部である．その説明において構成論的なモデルに言及した．また，マルチモー

ダル情報の統合による概念形成や交差状況学習について議論した．また近年注目される，大規模言語モデルに基づいて言語を操る人工知能技術に関して概説するとともに，それがもたらす言語観およびマルチモダリティとの関係に関して紹介した．

本章では，ことばと感覚運動体験，すなわちマルチモーダルな情報との相互作用について特に構成論的な視点から概説してきた．ことばの学習は母語を学ぶ幼児にとっては，マルチモーダルな経験による認知発達と同時発生的に立ち現れる．それは決して「文字列」としてのテキスト情報の学習とその文法規則の学習といったアモーダル（モダリティ非依存）な学習過程ではない．

このように「ことばのマルチモダリティ」を正しく捉えることは，私たちの言語との付き合い方自体も変えていく．例えば第二言語習得における学習や教育のあり方だ．古典的な日本の英語教育では，結局のところ文法の学習と単語の暗記に重点が置かれてきた．そのような学習や教育を積み重ねた結果として，日本人の英語能力は他国に比べて伸び悩んでいるように思う．特に「使える英語」という視点で，英語に苦手意識を持つ日本人は大変多い．トップダウンに与えられた単語と文法の知識を言語知識とするような考え方は，本章に通底する言語観とは異なる．第二言語習得のあり方を考える上でも，マルチモダリティは重要な意味を持つだろう．知識を能動的な探索とその実際的な効果により位置づけるプラグマティズムの立場に立つと，言語とは第一義的にはこの世界で生き抜いていくための道具である．第二言語習得において学習者の自律的な発信を軸に置き，プラグマティズムの思想的基盤からマルチモーダルな情報を取り込みながら英語教育のあり方を変えていこうとする取り組みもある（山中ほか，2021）．

人工知能技術が急速に発展する中で，それがもたらす構成論に基づく示唆は私たちの言語観の変容を迫っている．ことばの認知科学においては，テキスト情報に閉じず，マルチモダリティと接合しながら，言語理解を発展させていく視座が引き続き重要となるだろう．

推薦図書

ロボットによる単語発見や物体概念形成の研究に関しては『心を知るための人工知能—認

知科学としての記号創発ロボティクス』（谷口，2020）にまとめられている．また幼児の発
達過程をロボットで構成論的に理解する発達ロボティクスの研究に関しては『発達ロボティ
クスハンドブック―ロボットで探る認知発達の仕組み』（カンジェロシ・シュレシンジャー，
2019）がよい俯瞰を与えている．また発達する子どもの視点で知能の構成を考えるという視
点では小説形式を取り込んだ解説書『僕とアリスの夏物語―人工知能の，その先へ』（谷口，
2022b）がよい導入を与える．言語と世界認識の依存性に関しては『言語が違えば，世界も違っ
て見えるわけ』（ドイッチャー，2012）などが面白い．また大規模言語モデルに向かう 2020
年代の自然言語処理の基礎を学ぶには『IT Text 自然言語処理の基礎』（岡﨑ほか，2022）
をすすめたい．

文　献

Barsalou, L. W. (1999) Perceptual symbol systems. *Behavioral and Brain Sciences* **22**(4):
577-660.

Brown, T. et al. (2020) Language models are few-shot learners. *Advances in Neural Infor-
mation Processing Systems* **33**: 1877-1901.

カンジェロシ，アンジェロ・シュレシンジャー，マシュー（著），岡田浩之・谷口忠大（監訳）
(2019)『発達ロボティクスハンドブック―ロボットで探る認知発達の仕組み』福村出版．

ドイッチャー，ガイ（著），椋田直子（翻訳)(2012)『言語が違えば，世界も違って見えるわけ』
インターシフト．

Goldwater, S. et al. (2009) A Bayesian framework for word segmentation: Exploring the ef-
fects of context. *Cognition* **112**(1): 21-54.

Google. PaLM-E: An Embodied Multimodal Language Model.
https://palm-e.github.io/（最終アクセス日：2023/5/15)

林安紀子（2006)「乳児期における母語音声の聴覚的学習」『心理学評論』**49**(1)：64-74．

池上嘉彦（1984)『記号論への招待』岩波書店．

Jusczyk, P. W. et al. (1999) The beginnings of word segmentation in English-learning in-
fants. *Cognitive Psychology* **39**(3-4): 159-207.

Mochihashi, D. et al. (2009) Bayesian unsupervised word segmentation with nested
Pitman-Yor language modeling. *Proceedings of the Joint Conference of the 47th Annual
Meeting of the ACL and the 4th International Joint Conference on Natural Language
Processing of the AFNLP*, pp. 100-108.

Nakamura, T. et al. (2009) Grounding of word meanings in multimodal concepts using
LDA. 2009 IEEE/RSJ International Conference on Intelligent Robots and Systems, pp.
3943-3948.

中村友昭ほか（2015)「マルチモーダル LDA と NPYLM を用いたロボットによる物体概念
と言語モデルの相互学習」『人工知能学会論文誌』**30**(3)：498-509．

大谷直輝（2019)『ベーシック英語構文文法』ひつじ書房．

岡﨑直観ほか（2022)『IT Text 自然言語処理の基礎』オーム社．

Okuda, Y. et al. (2022) Double articulation analyzer with prosody for unsupervised word and phone discovery. *IEEE Transactions on Cognitive and Developmental Systems* **15**(3): 1335-1347.

OpenAI. ChatGPT.
　https://openai.com/blog/chatgpt（最終アクセス日：2023/5/15）

OpenAI. GPT-4.
　https://openai.com/research/gpt-4（最終アクセス日：2023/5/15）

ピアジェ，ジャン（著），中垣　啓（翻訳）(2007)『ピアジェに学ぶ認知発達の科学』北大路書房.

Radford, A. et al. (2021) Learning transferable visual models from natural language supervision. International conference on machine learning. *Proceedings of the 38th International Conference on Machine Learning, PMLR* **139**.

Saffran, J. R. et al. (1996a) Statistical learning by 8-month-old infants. *Science* **274**: 1926-1928.

Saffran, J. R. et al. (1996b) Word segmentation: The role of distributional cues. *J. Memory Lang.* **35**(4): 606-621.

Taniguchi, A. et al. (2017) Cross-situational learning with Bayesian generative models for multimodal category and word learning in robots. *Frontiers in Neurorobotics* **11**: 66.

Taniguchi, A. et al. (2023) Unsupervised multimodal word discovery based on double articulation analysis with co-occurrence cues. *IEEE Transactions on Cognitive and Developmental Systems* **15**(4): 1825-1840.

谷口忠大 (2014)『記号創発ロボティクス―知能のメカニズム入門』講談社.

谷口忠大 (2020)『心を知るための人工知能―認知科学としての記号創発ロボティクス』共立出版.

谷口忠大 (2022a)「分散的ベイズ推論としてのマルチエージェント記号創発」『日本ロボット学会誌』**40**(10)：883-888.

谷口忠大 (2022b)『僕とアリスの夏物語―人工知能の，その先へ』岩波書店.

谷口忠大 (2024)「集合的予測符号化に基づく言語と認知のダイナミクス―記号創発ロボティクスの新展開に向けて」『認知科学』**31**(1)：186-204.

Taniguchi, T. et al. (2016) Nonparametric Bayesian double articulation analyzer for direct language acquisition from continuous speech signals. *IEEE Transactions on Cognitive and Developmental Systems* **8**(3): 171-185.

ユクスキュル，ヤーコプ フォン・クリサート，ゲオルク (2005)『生物から見た世界』岩波書店.

Vong, W. K. et al. (2024) Grounded language acquisition through the eyes and ears of a single child. *Science* **383**: 504-511.

Werker, J. F. and Tees, R. C. (1984) Cross-language speech perception: Evidence for perceptual reorganization during the first year of life. *Infant Behavior and Development* **7**(1): 49-63.

山中　司ほか (2021)『プロジェクト発信型英語プログラム―自分軸を鍛える「教えない」教育』北大路書房.

第 2 章

本多　啓

ことばと主観性

◆キーワード

認知意味論，認知文法，他者にとっての他者としての自己，共同注意，スタンスの三角関係，捉え方の意味論，見せ方の意味論，主体化

　言語研究において「主観」の語は，多様な意味で使われてきている．したがって，「主観性」あるいは「主体性」[1]が関わるとされる言語現象も多岐にわたり，その全体をカバーする概説を書くことは不可能である．そこで本章では，言語と（間）主観性・主体性の関係について，認知意味論の基本的な考え方に照らして，筆者が特に重要と考える事項に絞って解説する．

第 1 節
「捉え方の意味論」としての認知意味論と主体性[2]

　「認知意味論」をどう規定するかについては複数の考え方がありうる．一般には概念主義の意味論，すなわち言語表現の意味を概念化（conceptualization；Langacker, 1987, 2008）と考えたり，言語の意味構造を概念構造（conceptual structure）と関連づけたり（Talmy, 2000）する意味論とみなすのが主流と思われる．しかし本章では，このような考え方の前提と想定されるレベルで「認知意味論」を考える立場をとる．その立場とは，認知意味論とは「捉え方の意味論」であると考える立場である．「捉え方の意味論」とは，「客観主義の意味論」あるいは（素朴な）指示対象意味説に対置される[3]もので，ラネカー（Ronald W. Langacker）による次のような基本的な洞察に基づく．

　（1）言語表現の意味は，その記述対象となる客観的な状況がどのようなも

---

1)　英語の subjectivity の訳語としては「主観性」と「主体性」がある．大まかにいって，話し手に関わる意味では「主観性」が使われ，認識者・概念化者に関わる意味では「主体性」が使われる傾向がある．ただし，これは厳密な使い分けではない．本章は言語における概念化の主体（概念化者）の役割に注目するため，本文中では「主体（性）」を用いる．

2)　本節の内容は，一部本多（2021：79-81）と重なる．

3)　別の観点からいえば「表現解釈の意味論」とも対置される（本多，2005）が，それは本章の趣旨とは別の問題になる．

のであるかによって，一意的あるいは機械的に決まるものではない．同一の状況を，意味的に異なる多様な言語表現によって記述することが可能である．そのそれぞれの言語表現は，その同一の状況を各々異なったやり方で捉えあるいは構造化するものである．概念化の対象となったある1つの現象に対して2つ以上の構造化をすることができるというわれわれ人間の能力が，語彙と文法の多様性の基盤となっている． (Langacker, 1987: 107)［筆者訳］

この洞察を踏まえると，「捉え方の意味論」すなわち認知意味論とは，言葉の意味（の記述）を，指示対象（の記述）と同一視するのではなく，対象に対する話者・概念化者（概念化の主体としての話者）の捉え方に基づいて考える立場ということになる．「捉え方（construal）」とはLangacker (2019) の次の規定に示されるような概念である．

(2) Construalとは，同一の状況を異なるし方で認識し，描写する人間の能力のことである． (Langacker, 2019: 140)［筆者訳］

分かりやすい事例として (3) がある．コヴェントリー (Kenny R. Coventry) は，この2文が同一の状況（図2.1）を指し示すことができると指摘している (Coventry, 2019: 50)．

(3) a. The coffee capsule is **in** the dish.
   （コーヒーカプセルが皿に入っている．）
   b. The coffee capsule is **on** the plate.
   （コーヒーカプセルが皿に乗っている．）

図2.1 コヴェントリーによる図（Coventry, 2019: 50）

第1節 「捉え方の意味論」としての認知意味論と主体性 *25*

言語事実としては，同一の事物を dish と呼ぶことと plate と呼ぶことの両方が可能な場合があり，そして，その呼び方の違いによって前置詞の選択に影響が出る，ということである．

ここで，dish と plate が異なる意味の名詞であることはいうまでもない．また，前置詞 in と on の意味が異なることも同様に明らかであり，前置詞句 in the dish と on the plate も議論の余地なく異なる意味を持つ．つまり，同一の状況を指し示すのに異なる意味の言語表現が用いられうるということである．

これに対する解釈ないし説明としては，同一の状況であっても，異なる捉え方がされれば，その状況を指示するのに異なる意味の言語表現を用いることができるということだと考えることができる．具体的には，当該の事物に関して「物を入れることができる」という属性ないし側面に注目した場合には，その物は「入れるもの（dish）」としてカテゴリー化され，前置詞としては容器に用いられる in が使われるが，同じ物に関して「物を乗せることができる」という属性ないし側面に注目した場合には，その物は「乗せるもの（plate）」としてカテゴリー化され，前置詞としては面に用いられる on が使われる，ということである（本多，2019）．

このように認知意味論は，言葉の意味に，述べられた事物それ自体の性質だけではなく，その事物についての人間の捉え方も関わると考えて，このことを重視する．

以上について，見方を変えてみれば，次のようにいうことができる．

（3a）からは，話し手が当該の物を dish とカテゴリー化したことが分かる．一方で，（3b）からは，話し手がその物を plate とカテゴリー化したことが分かる．つまり（3）は，事実の表現であると同時に，話し手自身の（カテゴリー化の）あり方の表現でもある．

この観点からさらに議論を進めれば，この2文の主語からは，話し手が当該の物を coffee capsule とカテゴリー化したことが分かる．そしてそれを指す the coffee capsule が文の主語になっているということからは，話し手がこの文において，他の何物でもなく特にこの物に特別な注意を向けていることが分かる．

この議論を進めていくと，あらゆる言語表現が，（世界の事物についての表

現であると同時に）概念化の主体（概念化者）としての話し手の環境に対する注意の向け方の表現であるといえることになる．これを本多（2013b）の言葉でいえば，次のようになる．

(4) 世界を語ることは，同時に自己を語ることである[4]．

　認知言語学は理論言語学の一環として，人間が持つ言語知識のありようを明らかにすることを目標とする学問である．上述の概念主義の意味論としての認知意味論も，本章が採用する捉え方の意味論としての認知意味論も，その中に位置づけられる．特に，他者を含めた環境の中の事物を人間がどのように概念化するかということは，伝統的に哲学や心理学の研究課題であり，捉え方の意味論としての認知意味論はその成果に依拠し，その進展に寄与することを目指している．したがって認知意味論は，（その認知観や方法論がいわゆる「認知科学」にどの程度合致するかは別として，）「心の働き」としての認知の研究に資することを目指す学問ということになる．

第2節
認知文法と主体性

　このような意味での言語と主体性（subjectivity）の関係を明示的に検討している理論として，ラネカーの認知文法（Langacker, 1985, 1987, 1991, 1997, 2008）がある．

　世界の中の事物について言葉で語るには，それについて知ることが必要である．そこで，言葉の意味について考えるには，その「知る」という営みについて考えることから始める必要がある．これは前節で述べた認知意味論の基本的な立場につながるものである．

　「知る」営みは，認知文法の用語では「概念化」と呼ばれる認知プロセスに含まれるものである．ラネカーは概念化の構造を図2.2で示している．

　この "S" は speaker ではなく subject，すなわち概念作用（概念化）の主体である．

　何かを認識の客体ないし対象として捉えることを，認知文法では「客体的把

---

4) 詳しくは本多（2013b）を参照されたい．

図 2.2 認知文法における概念化の主体と対象 (Langacker, 2008: 260)

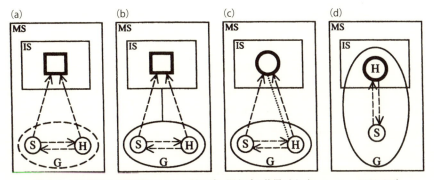

図 2.3 言語表現の意味構造における話し手・聞き手の位置づけ (Langacker, 2008: 261)

握（objective construal）」と呼ぶ．また，認識の主体であることを「主体的把握（subjective construal）」と呼ぶ[5]．

これを踏まえた，言語表現一般の意味構造における話し手・聞き手（この両者は概念化の主体でもある）の位置づけが，図2.3のように示されている．

この "S" は話し手，"H" は聞き手，"G" はグラウンド（話し手，聞き手，および両者を含む発話状況）である．この図ではすべての場合において，グラウンドが最大スコープの内部に配置されている．つまり，あらゆる言語表現の意味構造の中に話し手（と聞き手および両者を含む状況）が位置づけられると考えられている，ということである．

また，話し手・聞き手は概念化の主体でもある．すなわち，この図には図 2.2

---

[5] ラネカーの「客体的把握」「主体的把握」は，池上嘉彦の「客観的把握」「主観的把握」（池上，2006，2007 など）とは区別されるべき概念である．この点については，本多（2016b, 2019），野村（2024）などを参照されたい．

の構図が組み込まれている.

すべての言語表現の意味構造に,少なくとも図2.3 (a) のように自覚の対象にならない形で（つまり主体的把握を受ける形で）,話し手・聞き手が存在する.

図2.3 (b) は,グラウンドが意味構造によりはっきりした形で含まれている場合である.該当する表現としては tomorrow, commie などがある.Tomorrow は発話時が基準となる表現であり,commie は（より中立的な communist とは異なり）対象に対する話し手の軽蔑的な評価を含む.ただし,これらにおいてはグラウンドそれ自体は指示対象にはなっていない.

図2.3 (c) は you に対応するもので,ここではグラウンドの一部である聞き手が指示対象になっている.点線は聞き手と指示対象が一致することを示す.この場合,聞き手は概念作用の主体と客体の両方として機能している.図2.3 (d)は同じ you の意味構造を別の書き方で表したものである.You のほかに,I, we, here, now などがこの類に属する.

図2.3 (a)〜(c) のすべてにおいて,話し手・聞き手は概念作用の主体として主体的把握を受けていることになる.そしてそれに加えて,(b) および (c) では話し手・聞き手は概念化の対象として客体的把握も受けることになる.後者の度合いは,(b) より (c) の方が高い.

第3節
認知文法と一人称代名詞：他者にとっての他者としての自己

認知文法の枠組みで一人称・二人称代名詞について詳しく述べた研究として,Langacker (2007) がある.この中でラネカーは,自己が他者にとっての他者であるという点を重視している.話し手は,聞き手を概念化する主体であるが,同時にその聞き手による概念化の対象でもある.同様に聞き手は,話し手を概念化する主体であるが,同時に話し手による概念化の対象でもある.一人称および二人称の代名詞の意味構造には,このような認知構造が含まれているとラネカーは考えている.このことからいえることは,一人称代名詞は,少なくとも原初的には他者から見た自分を指すものであり,その習得および使用には,（自分にとっての事物の見えとは異なる）他者にとっての事物の見えを想像する能力が必要になるということである.

このことには発達心理学からの裏づけがある．ラヴランド（Katherine A. Loveland）は，自分にとっての事物の見えと他者にとっての事物の見えが異なりうるということを理解する能力の発達と，一人称代名詞を適切に使用する能力の発達が，相関しているということを示している（Loveland, 1984）[6]．

第4節
共同注意としての言語コミュニケーション[7]

ここで，ラネカーによる図2.3をもう一度見直してみよう．この図において，話し手と聞き手は互いに注意を向け合っている．そしてその上で，両者は同一の事物に注意を向けている．つまり，話し手と聞き手は同一の事物に注意を向けており，そのことを互いに理解し合っている．このような状況を，共同注意（joint attention）と呼ぶ[8]．

共同注意は特に発達心理学において精力的に研究がなされてきており，人間のコミュニケーションの基本構造をなすものとみなされている．ここで重要なのは，ラネカーの認知文法がこれを取り込んでいるということである．つまりラネカーは，言語の基本的な機能が共同注意を成立させることにあると考えていることになる[9]．

ラネカーとは別に，共同注意の構造を言語研究に取り込んでいる代表的な研究者として，デュボワ（John W. Du Bois；Du Bois, 2007, 2014）とフェアハーゲン（Arie Verhagen；Verhagen, 2005）がいる．ここでは，デュボワが提唱するコミュニケーションの構造についての考え方としての「スタンスの三角関係（the Stance Triangle）」と，言語コミュニケーションで頻用が観察されるとされる「響鳴（resonance）」を取り上げる[10]．

スタンスの三角関係とは図2.4のようなものである．

ここにおける主体（subject）の営みをデュボワは次のようにまとめている．

---

6)　Loveland（1984）については，Tomasello（2003），本多（2005, 2013b）にも紹介がある．
7)　本節の内容は主として本多（2013a, 2019）による．
8)　共同注意について，日本語で読める概説として大藪（2004a, 2004b, 2020）がある．言語表現の分析については本多（2011）を参照．
9)　Reed（1996）に基づく本多（2005, 2013b）の議論も参照．
10)　響鳴についてはデュボワ自身の著作のほかに﨑田智子による解説がある（Sakita, 2006, 2008；﨑田・岡本, 2010）．

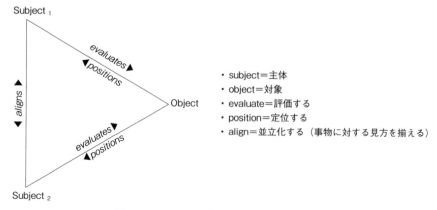

図 2.4　スタンスの三角関係（Du Bois, 2007: 163）

(5) 事物を評価し，それにより自己を定位し，それにより事物についての見方を他者と揃える（並立化；評価の調整を行う）．

(Du Bois, 2007: 163) ［筆者訳］

スタンスの三角関係については特筆すべきことが三点ある．

一点目は，主体性を個体の頭の中の事柄を指す概念としてではなく，個体と対象の関係を捉えた概念として用いていることである．これはラネカーの考え方と親和性を持つ．

二点目は評価（evaluation）についての考え方である．デュボワは対象についての捉え方としての評価と対象についての主体の立ち位置の取り方としての定位（positioning）を相関するものと見ている．例えば誰かが

(6) I like this song.（この歌いいね．）

といった場合，これはその歌についての話し手の評価を伝えると同時に，話し手自身がこの歌を好意的に評価する人間であることも伝えている（Du Bois, 2007: 152-153）．

三点目は，間主観性（intersubjectivity）[11]についての考え方である．デュボ

---

11) この intersubjectivity における subject は，本章で取り上げてきた「主体」と同じであるが，

第4節　共同注意としての言語コミュニケーション　　　*31*

ワは発話者が先行発話の語彙や構文などを再利用する響鳴現象が日常の会話に
頻出することに注目している．筆者自身が耳にした事例としては次の短い会話
がある．これは新学期の大学キャンパスで女子学生同士がすれ違うときに交わ
されたものである．

(7)　A：ひさしぶり
　　　B：髪の毛のびたなあ
　　　A：のびたのびた

　デュボワはこの響鳴によって主体が事物に対する捉え方を他者との関わりの
中で揃える（主体が相手と並立化する）としているわけである．

　響鳴の効果としてギャロッドとピッカリングは相互行為による並立化（inter-
active alignment）を挙げている（Garrod and Pickering, 2004；Pickering and
Garrod, 2004）．彼らの見方を Ferreira and Bock（2006: 1021-1022）をもとに
まとめると，響鳴には会話の参加者が同一ないし類似の語彙や構文を使用する
ことで，状況についての捉え方（representation）[12] を揃える効果があるので
はないか，となる．

　この考え方は認知意味論の標準的な考え方と親和性が高い．認知意味論では，
同一の事物を指示対象としていても表現としての形式が異なれば意味は異なる
と考える．その意味の異なりは指示対象に対する話し手の捉え方の違いに求め
られる．そして逆に，言語形式として同一または類似の表現が用いられる場合
には，捉え方のレベルでも同一または類似の捉え方がなされている可能性が高
いことになる．

　したがって，会話において二人の参加者が同一または類似の言語形式を用い
ることは，双方の参加者が互いにとって明らかな形で事態に対して同一の捉え
方をすることにつながりやすいわけである．

---

　　intersubjectivity の訳語として「間主体性」は定着していないので，「間主観性」を用いる．
12)　Representation を，ここでは「捉え方」と訳している．この representation は「状況について
　　の心的表示」「その表示の作り方」という意味であるが，これは，認知文法でいう「概念化の結
　　果できたもの」「概念化の仕方」と同じものと解釈することができる．この解釈に基づいて，こ
　　こでは representation の訳に「捉え方」を当てている．

なお，共同注意場面において事物に対する捉え方を他者との関わりの中で揃えるということは，会話参加者が内心の恒常的な価値観のレベルで全く同じ捉え方をするようになることを意味しない．その場の行為ないし振る舞いとして同じ捉え方をするというレベルの事柄である．内心と振る舞いがずれる可能性があることから，結果として発話場面では様々な効果が生じうることになる．具体的には，Sakita（2006: 473）は響鳴の持つ会話の含意の例として承認，賛成，アイロニー[13]，不賛成を挙げている．

すなわち響鳴は，共同注意を介して環境の中の事物の意味を共有するプロセスであるということができる．

第5節
「捉え方の意味論」から「見せ方の意味論」へ[14]

第1節で述べたように，認知意味論は「捉え方の意味論」（あるいは「理解の意味論」）である．この立場からの問題意識は，次のようにまとめることができる（本多，2005）．

(8) 理解の意味論／捉え方の意味論：　話し手（認識・表現者）が，どのような対象をどのように捉えて（construe；あるいは認識して）表現するか．そのような捉え方を背後から支えている認知のメカニズムはどのようなものか．

この考え方は，客観主義的な指示対象意味説を棄却するという点においては支持できるものである．しかしこれに関して，考慮すべき点がある．

人間のコミュニケーションが共同注意の構造を持つという立場から見直すと，理解の意味論は，〈概念化の主体その1〉-〈概念化の対象〉-〈概念化の主体

---

13)　アイロニーについて，Sakita（2006）から例を挙げておく．

(i) MARCI: <u>don't forget to</u> buy yourself a cookie sheet<u>, before you</u> go to make cookies
KEVIN: and <u>don't forget to</u> take the Tupperware out of your oven<u>, before you</u> turn it on
(Sakita, 2006: 472)［下線は筆者］

において，[don't forget to VP, before you VP] という構造が繰り返されているが，Marci の発話がクッキーを焼こうとしている娘に対しての注意喚起なのに対して，Kevin の発話は妻の粗忽な性格を皮肉ったものになっている．

14)　本節の内容は本多（2006）に基づく．

その2〉という共同注意を構成する三項関係のうち，〈概念化の主体その1〉と〈概念化の対象〉という二項関係のみを視野に入れた意味論ということになる．これは極端な解釈をするならば，コミュニケーションに対する自覚的な考慮を欠いた，独在論的な意味論となりかねないものである[15]．したがって，この見方を文字どおりにとるならば，言語能力がコミュニケーションの能力と密接に関わっているということを理論に取り込むことができなくなるわけである．

　一方で，第4節で述べたように，言語の基本的な機能は共同注意を成立させることにあると考えられる．すなわち言語には (9a) の機能がある．そしてここに理解の意味論ないし捉え方の意味論の観点を取り入れて太字で示すならば，言語による表現行為の基本的な機能は (9b) にあることになる．

(9) a. 話し手が注意を向けている対象に対して，聞き手に注意を向けさせる．

　　b. 話し手は，自分が注意を向けている対象に対して，**自分がその対象を捉えている（認識している）のと同じ捉え方で聞き手が捉える**ようなやり方で，聞き手の注意を向ける．

　このような言語観を踏まえると，意味論の課題は，「どのような対象をどのように捉えて表現するか」に加えて，「聞き手に対してどのように提示するか」という面を含むことになる[16]．そのような意味論に対しては，「捉え方の意味論」という呼び方は妥当ではない．視覚メタファーを用いて名づければ，「見せ方の意味論」となる．

　このような見方では，(8) は，次のように改められることになる．

(10) 理解・提示の意味論／見せ方の意味論：　話し手（認識・表現者）が，どのような対象をどのように捉えて（construe；あるいは認識して）**聞き手に提示するか**．そのような捉え方を背後から支えている認知の

---

15)　この点に関しては，茂呂 (1996) およびそれに対する本多 (2001, 2005) のコメントを参照されたい．

16)　認知言語学は意味論と語用論の間に明確な境界線を引くことはできないと考えるが，本章の議論はその立場をさらに進めて，意味論の守備範囲をより広く考える試みである．

メカニズムはどのようなものか.

　ここで,「どのように」は「捉えて」だけでなく,「捉えて聞き手に提示するか」全体にかかる. すなわち,（対象についての）認識と（聞き手に対する）提示は相互に独立したものではなく, 緊密に関係し合っている. これは, 先に述べた「**自分がその対象を捉えているのと同じ捉え方で聞き手が捉えるようなやり方で, 聞き手の注意を向ける**」ということの帰結である.

　視覚の場合, 共同注意を成立させる方法は2つある. 1つは自分の注意の向け方に相手の注意の向け方を合わせさせる方法（視線誘導）であり, もう1つは相手の注意の向け方に自分の注意の向け方を合わせる方法（視線追従）である[17].

　注意の誘導において, 話し手は自分の注意の向け方に聞き手の注意の向け方を合わせるわけであるが, 話し手の注意の向け方はこの場合においてさえも聞き手の存在と完全に独立して決まるわけではない. すなわち,（10）において,理解・認識は提示に一方的に先行するわけではない.

　再び視覚メタファーを用いて述べるならば, 話し手は事態を自分が見たとおりに聞き手に見せるわけであるが, その際, 話し手自身の「見方」は, 聞き手に対する「見せ方」と完全に独立に, それに一方的に先行して純粋に話し手と対象の関係だけで決まるわけではない. 聞き手の存在が, あるいは, 聞き手に対する「見せ方」に関わる事情が, 話し手の「見方」に影響を与える面がある.「自分がその対象を捉えているのと同じ捉え方で聞き手が捉えるようなやり方で, 聞き手の注意を向ける」を達成する際に, 聞き手の捉え方にあわせて話し手が自身の捉え方を調整することがありうるわけである[18].

　以上で, 事物の認識に関わる意味での主体性から, コミュニケーションに関わる間主観性までを概説したことになる.

---

17)　日本語の終助詞の「よ」「ね」は,（それぞれの理論的な規定は別として）機能として, それぞれ注意の誘導と追従に用いることができる.

18)　具体的な事例については本多（2006）を参照されたい.

第6節
認知文法における「主体化」[19]

最後に，ラネカーの認知文法における重要な概念である主体化（subjectification）について見ておく．

ラネカーのいう主体化は大きく2種類に分けられる．それを本章では仮に「主体化（I）」「主体化（II）」と呼ぶ．また主体化（I）は最初に提唱されて以来，2度の大きな変容を遂げている．以下，順次紹介・検討する．

(a) 主体化（I）

主体化（I）はもともと Langacker（1990）において，次のような移動表現との関連で導入された道具立てである[20]．

(11) a. The hiker ｜went/ran/climbed｜ up the hill.

b. The new highway ｜goes/runs/climbs｜ from the valley floor to the
senator's mountain lodge.　　　　　　　　　（Langacker, 1990: 19）

（11a）において go などの移動動詞が移動可能な主語 the hiker に適用されていることには問題はない．だが（11b）において移動不可能な the new highway に移動動詞が適用されているのは一見不可解である．これについて Langacker（1990）は，（11b）のような例が可能になるのは概念化の主体（話し手・聞き手）の視線の移動があることによるとした．道路の経路を同定するためには道路をたどる視線の移動が必要になるわけである．一方，（11a）に存在する移動は概念化の対象であるハイキング客の移動のみであるとする．これをまとめると次のようになる．

(12)	(11a)	(11b)	
概念化の対象の移動	○		
概念化の主体の移動		○	（Langacker, 1990）

つまり（11a）では概念化の対象で移動が起こっているのに対して，（11b）

---

19)　本節は本多（2016a）による.
20)　いうまでもなく主体化は多種多様な現象に適用されるものであるが，ここでは移動表現の例に関して解説する.

では概念化の主体の移動が起こっていることになる．これは，もともと概念化の対象（object）で起こっていた移動が概念化の主体で起こるようになるという認知過程が生じていることになるわけで，この認知過程を Langacker（1990）は「主体化」と呼んだわけである．

　別の言い方でいえば，(11a) では移動が客体的把握を受けているのに対して，(11b) では移動は主体的把握を受けている，となる．

　しかしこの考えには問題がある．つまり概念化の主体による移動は (11b) だけでなく (11a) にもあるのではないかということである．(11a) のような場合にハイキング客を追視する視線の移動がなければ，概念化の主体はすぐにハイキング客を見失ってしまい，「山を登る」という移動を認識することができなくなるはずではないか，ということである．

　フェアハーゲン（Verhagen, 1995）とハーダー（Harder, 1996: 351-352）の見解[21] を受けて，Langacker（1998）は (11a) にも概念化の主体の移動が存在するとした．すなわち次のようにしたわけである．

(13)　　　　　　　　　　　　　(11a)　　　(11b)

　　概念化の対象の移動　　　　○

　　概念化の主体の移動　　　　○　　　　○　　　　　　（Langacker, 1998）

この段階での主体化を筆者の言葉でまとめれば次のようになる．

(14) もともとは概念化の対象と主体の両方に移動があったのが，概念化の
　　　対象の側の移動が弱化・消滅して，残された主体の側の移動が顕在化
　　　するようになる過程．

　別の言い方をすれば，主体的把握を受けた移動はどちらの場合にも存在し，概念化の対象としての主語の移動が存在する場合には客体的把握を受けた移動も存在する，ということである．

　これについて，本多（2003：118-119）は，指示対象が異なっていても，それに対する捉え方が同一であれば同一の言語表現を適用することが可能にな

---

21)　ただし彼らの議論の趣旨は本文で提示した筆者の見解とは異なる．

り，それが多義の動機づけの1つであるという考えを提示し，主体化もその例であるという（おそらくは当時のラネカー本人の意図を越えた）解説をしている．その解説を現在の筆者の観点から述べ直せば次のようになる．

(15) **異なる対象**に同じ**捉え方**を適用して捉えることが，異なる対象に**同じ言語表現**を適用することが可能になる仕組みの1つである．

(Honda, 1994；本多，2003，2013b，2016b 参照)

さらに Langacker（2008）では主体化は次のように規定されている．

(16) a. 直接経験を越える手立ての最後の1つとして，ある種の経験に必然的に内在する心的操作をもともとその操作が関わらない状況に適用するということがある．これを**主体化**と呼ぶ．これは，ある状況を対象として概念化する際に生じてその認識過程の一部を構成している心的操作が，その状況から独立することを指すものである．　　　　　　　　　　　　　　(Langacker, 2008: 528)［筆者訳］

　　 b. **主体化**（§14.2.1）：　ある種の経験に必然的に内在する心的操作を，その経験の内容を捨象して使用し，他の状況に適用すること．

(Langacker, 2008: 537)［筆者訳］

　　 c. このプロトタイプとスキーマという関係は明らかに，主体化に他ならないものである．それはすなわち，原型的な概念の構築に関わる概念作用に内在する心的操作を，その概念内容を捨象して使用し，他の状況に適用することである．

(Langacker, 2008: 539)［筆者訳］

これを筆者の言葉でまとめると，次のようになる．

(17) ある事物を概念化するのに必要な認知過程を，それとは別の事物を概念化する際に適用すること．

これはラネカー自身の意図が実質的に（15）と同じになりつつあることの現れである．実際，ラネカーは次のような趣旨のことを述べている．

（18）スキーマの抽出によるプロトタイプから周辺事例への文法カテゴリー
の拡張は，プロトタイプを概念化するのに必要であった認知過程をそ
れとは性質を異にするものの概念化に適用することでなされる．その
具体事例としては，所有表現の参照点表現への拡張，動作主-被動者
からそれ以外への主語-目的語関係の拡張，同じく動作主-被動者から
それ以外への他動詞の適用対象の拡張，そして具体物からそれ以外へ
の名詞の指示の拡張などがある．　　　（Langacker, 2008: 538-539 参照）

これは実質的に（15）と同じであるといえる[22]．

（b）主体化（II）

ラネカーの主体化（II）は，次のような事例との関連で導入された道具立て
である．

（19）a. Vanessa is sitting across the table from me.
　　　b. Vanessa is sitting across the table.　　　（Langacker, 1990: 20）

（19）の2つの文は，いずれもヴァネッサと話者がテーブルをはさんで向か
い合わせに座っているという同一の状況を指し示して用いることができる．し
かしながら，文の持つ表現性は両者で異なる．（19b）は話者が現場から伝え
ているという印象を与える．そこで例えば「わーすごい！　ヴァネッサが真ん
前に座ってる！」という気持ちを伝える場合には，（19b）が（19a）より自然
になる．それに対して（19a）は，話者が現場から離れて状況を伝えていると
いう印象を与える．したがってこれは，例えばふと我に返って冷静に状況を伝
えるような場合，あるいは写真を見て説明しているときのような場合などに用
いられやすいことになる（Langacker, 1985, 1990）．

これに関してラネカーは，一人称代名詞が生起している（19a）の場合には
話者は概念化の主体であると同時に，自分自身を概念化の対象として扱ってい
るとする．それに対して一人称代名詞が生起していない（19b）の場合には話
者は自分自身を対象化せず，概念化の主体だけであり続けているとする（第3

22）（11）についての筆者自身の考え方については，本多（2018）を参照されたい．

節参照).

(19a) と (19b) の関係は, 概念化の対象として扱われていた事物 (話者) が, 対象としての性質を失って純粋に概念化の主体だけになるという関係になっている. これが Langacker (1990) のいうもう1つのタイプの主体化であり, 本章で「主体化 (II)」と呼んでいる認知過程である.

ラネカーがこのタイプの主体化を提唱することで捉えようとしたことを筆者の言葉で一般化して述べれば, 次のようになる.

(20) **同じ対象**に**異なる捉え方**を適用して捉えることが, 同じ対象に**異なる言語表現**を適用することが可能になる仕組みの1つである.

(本多, 2013b, 2016b 参照)

これはまた, 認知文法における捉え方の概念 (2) と同じ趣旨のものでもある.

第7節
結　語

本章は, まず「捉え方の意味論」という認知意味論の最も基本的な立場を確認した (第1節) のち, 捉え方の主体すなわち概念化の主体 (概念化者) についての認知文法の位置づけを紹介した (第2節). 続いて, 一人称代名詞の使用の基盤に自身を「他者にとっての他者」と認識する能力があることについて解説した (第3節). その後, 共同注意との関係から, 間主観性に関わる機能言語学の道具立てである「スタンスの三角関係」を紹介し (第4節), それを踏まえて「捉え方の意味論」という意味での認知意味論を「見せ方の意味論」にアップデートする立場を紹介した (第5節). ここまでで, 事物の認識に関わる意味での主体性から, コミュニケーションに関わる間主観性までを概観したことになる. そして最後に, 認知文法における主体性の議論でしばしば言及される「主体化」について紹介した (第6節).

推薦図書

　言語研究における「主観」の多様な使われ方については, 小柳 (2014, 2021) を参照されたい. また, 言語と (間) 主観性・主体性の関係についての, 本章とは異なる観点からの概説としては, 澤田 (2011), 天野・早瀬 (2021) などがある. さらに最近の展開としては, 大堀ら (2024) がある.

言語と（間）主観性・主体性の関係については，重要であるにもかかわらず，本章で触れることのできなかった事柄がある．トラウゴット（Elizabeth C. Traugott；Traugott, 2010）の主観化・間主観化（subjectificatoin/intersubjectification）については，本多（2016b）に，生態心理学の自己知覚論と言語の関係については，本多（1994, 2005, 2013b）に，それぞれ解説がある．いわゆる「事態把握」と主観性・主体性のつながりについては，都築（2019），野村（2024）およびそこで言及された文献を参照されたい．

文　献

天野みどり・早瀬尚子（2021）「総論 構文研究・（間）主観性研究の展開」天野みどり・早瀬尚子（編）『構文と主観性』pp. 3-32，くろしお出版.

Coventry, K. R. (2019) Space. In E. Dąbrowska and D. Divjak (eds.) *Cognitive Linguistics: Key Topics*, pp. 44-65, De Gruyter Mouton.

Du Bois, J. W. (2007) The Stance Triangle. In R. Englebretson (ed.) *Stancetaking in Discourse: Subjectivity, Evaluation, Interaction*, pp. 139-182, John Benjamins.

Du Bois, J. W. (2014) Towards a dialogic syntax. *Cognitive Linguistics* **25**(3): 359-410.

Ferreira, V. S. and Bock, K. (2006) The functions of structural priming. *Language and Cognitive Processes* **21**(7-8): 1011-1029.

Garrod, S. and Pickering, M. (2004) Why is conversation so easy? *Trends in Cognitive Sciences* **8**(1): 8-11.

Harder, P. (1996) *Functional Semantics: A Theory of Meaning, Structure and Tense in English*, Mouton de Gruyter.

Honda, A. (1994) *Linguistic Manifestations of Spatial Perception*. Doctoral dissertation, Department of English Language and Literature, The University of Tokyo.

本多　啓（1994）「見えない自分，言えない自分─言語にあらわれた自己知覚」『現代思想』**22**(13)：168-177.

本多　啓（2001）「文構築の相互行為性と文法化」『認知言語学論考』(1)：143-183.

本多　啓（2003）「認知言語学の基本的な考え方」辻　幸夫（編）『認知言語学への招待』pp. 63-125，大修館書店.

本多　啓（2005）『アフォーダンスの認知意味論─生態心理学から見た文法現象』東京大学出版会.

本多　啓（2006）「認知意味論，コミュニケーション，共同注意─捉え方（理解）の意味論から見せ方（提示）の意味論へ」『語用論研究』**8**：1-13.

本多　啓（2011）「共同注意と間主観性」澤田治美（編）『ひつじ意味論講座5 主観性と主体性』pp. 127-148，ひつじ書房.

本多　啓（2013a）「言語とアフォーダンス」河野哲也（編）『倫理─人類のアフォーダンス』pp. 77-103，東京大学出版会.

本多　啓（2013b）『知覚と行為の認知言語学─「私」は自分の外にある』開拓社.

本多　啓（2016a）「間主観性状態表現─認知意味論からの考察」藤田耕司・西村義樹（編）『日英対照 文法と語彙への統合的アプローチ─生成文法・認知言語学と日本語学』pp. 254-

文　　献

273，開拓社.

本多　啓（2016b）「Subjectification を三項関係から見直す」中村芳久・上原　聡（編）『ラネカーの（間）主観性とその展開』pp. 91-120，開拓社.

本多　啓（2018）「認知言語学はヒトの認知について何かを明らかにしたのだろうか？」高橋英光ほか（編）『認知言語学とは何か—あの先生に聞いてみよう』pp. 201-220，くろしお出版.

本多　啓（2019）「生態心理学と認知言語学」辻　幸夫（編集主幹），楠見　孝ほか（編）『認知言語学大事典』pp. 669-681，朝倉書店.

本多　啓（2021）「試論—認知主義の認知意味論と非認知主義の認知意味論」『神戸外大論叢』**74**：79-118.

池上嘉彦（2006）『英語の感覚・日本語の感覚—"ことばの意味"のしくみ』日本放送出版協会.

池上嘉彦（2007）『日本語と日本語論』筑摩書房.

小柳智一（2014）「「主観」という用語—文法変化の方向に関連して」青木博史ほか（編）『日本語文法史研究 2』pp. 195-219，ひつじ書房.

小柳智一（2021）「4 種類の「主観」の用語法」天野みどり・早瀬尚子（編）『構文と主観性』pp. 33-52，くろしお出版.

Langacker, R. W. (1985) Observations and Speculations on Subjectivity. In J. Haiman (ed.) *Iconicity in Syntax*, pp. 109-150, John Benjamins.

Langacker, R. W. (1987) *Foundations of Cognitive Grammar, Volume I: Theoretical Prerequisites*, Stanford University Press.

Langacker, R. W. (1990) Subjectification. *Cognitive Linguistics* **1**(1): 5-38.

Langacker, R. W. (1991) *Foundations of Cognitive Grammar, Volume II: Descriptive Application*, Stanford University Press.

Langacker, R. W. (1997) Consciousness, Construal, and Subjectivity. In M. I. Stamenov (ed.) *Language Structure, Discourse and the Access to Consciousness*, pp. 49-75, John Benjamins.

Langacker, R. W. (1998) On Subjectification and Grammaticization. In J.-P. Koenig (ed.) *Discourse and Cognition: Bridging the Gap*, pp. 71-89, CSLI Publications.

Langacker, R. W. (2007) Constructing the Meanings of Personal Pronouns. In G. Radden (ed.) *Aspects of Meaning Construction*, pp. 171-187, John Benjamins.

Langacker, R. W. (2008) *Cognitive Grammar: A Basic Introduction*, Oxford University Press.

Langacker, R. W. (2019) Construal. In E. Dąbrowska and D. Divjak (eds.) *Cognitive Linguistics: Foundations of Language*, pp. 140-166, De Gruyter Mouton.

Loveland, K. A. (1984) Learning about points of view: Spatial perspective and the acquisition of 'I/You'. *Journal of Child Language* **11**: 535-556.

茂呂雄二（1996）「［言語心理学］ことばの「不思議」の究め方」『別冊宝島 279：わかりたいあなたのための心理学・入門』59-63.

野村益寛（2024）「自己把握と事態把握の接点—主体性・主観性をめぐる断想」『日本認知言

語学会論文集』**24**：476-490.

大堀壽夫ほか（2024）「主観性を位置づける―まなざし，語り，コンポジション」『日本認知言語学会論文集』**24**：462-506.

大藪　泰（2004a）『共同注意―新生児から2歳6か月までの発達過程』川島書店.

大藪　泰（2004b）「共同注意の種類と発達」大藪　泰ほか（編）『共同注意の発達と臨床―人間化の原点の究明』pp. 1-31，川島書店.

大藪　泰（2020）『共同注意の発達―情動・認知・関係』新曜社.

Pickering, M. J. and Garrod, S.（2004）Toward a mechanistic psychology of dialogue. *Behavioral and Brain Sciences* **27**: 169-226.

Reed, E. S.（1996）*Encountering the World: Toward an Ecological Psychology*, Oxford University Press.［細田直哉（訳）（2000）『アフォーダンスの心理学―生態心理学への道』新曜社.］

Sakita, T. I.（2006）Parallelism in conversation: Resonance, schematization, and extension from the perspective of dialogic syntax and cognitive linguistics. *Pragmatics & Cognition* **14**(3): 467-500.

Sakita, T. I.（2008）A Cognitive Basis of Conversation: Alignment through Resonance. 児玉一宏・小山哲春（編）『言葉と認知のメカニズム―山梨正明教授還暦記念論文集』pp. 621-633，ひつじ書房.

﨑田智子・岡本雅史（2010）『言語運用のダイナミズム―認知語用論のアプローチ』研究社.

澤田治美（2011）「第5巻『主観性と主体性』序論」澤田治美（編）『ひつじ意味論講座5 主観性と主体性』pp. iii-xi，ひつじ書房.

Talmy, L.（2000）*Toward a Cognitive Semantics*, Two Volumes, The MIT Press.［岩田彩志ほか（監訳）（2023-2024）『認知意味論を目指して［全4巻］』開拓社.］

Tomasello, M.（2003）*Constructing a Language: A Usage-Based Theory of Language Acquisition*, Harvard University Press.［辻　幸夫ほか（訳）（2008）『ことばをつくる―言語習得の認知言語学的アプローチ』慶應義塾大学出版会.］

Traugott, E. C.（2010）(Inter) subjectivity and (Inter) subjectification: A Reassessment. In K. Davidse et al.（eds.）*Subjectification, Intersubjectification and Grammaticalization*, pp. 29-71, De Gruyter Mouton.

都築雅子（2019）「事態把握の主観性と言語表現―認知言語学の知見より」郡　伸哉・都築雅子（編）『語りの言語学的／文学的分析―内の視点と外の視点』pp. 3-64，ひつじ書房.

Verhagen, A.（1995）Subjectification, Syntax and Communication. In D. Stein and S. M. Wright（eds.）*Subjectivity and Subjectivisation*, pp. 103-128, Cambridge University Press.

Verhagen, A.（2005）*Constructions of Intersubjectivity: Discourse, Syntax, and Cognition*, Oxford University Press.

| 第3章 | 篠原和子・宇野良子 |

ことばと感性

◆ キーワード
音象徴，オノマトペ，恣意性，有契性，類像性，学際的研究，感性探索的言語使用

　本章では，感性と言語の関係について概観する．中心となるのは，オノマトペと音象徴の2項目である[1]．いずれも感性と言語の結びつきを示唆する現象で，古くから知られ，研究されているが，現代の学問分野，特に言語学や認知科学での研究は，20世紀の終わりごろから21世紀初頭にかけて爆発的に進展した．本章では，言語の構造・性質と感性とがどのようなつながりを持っているか，という観点から，まず言語学を含む関連分野での研究の発展を概観し，研究上の重要性を説明する（第1部参照）．次に，近年急速に発展している学際的研究事例をいくつか紹介するとともに，新たに開発されつつある萌芽的研究トピックに触れる（第2部参照）．またコラムでは，言語の持つ感性探索機能やその使用状況についての具体的研究を紹介する．

|||||||||||||||||||||||||| **第1部　現在までの流れ** ||||||||||||||||||||||||||

第1節
感性とは何だろう

　人間が「感性」と呼ばれるような何かを持っていることは，学問的に考察しなくても誰でも気づくことができる．古代の人々にとっても同様であったろう．実際，感性についての考察・思想は，西洋哲学史をひもとけば紀元前から存在したことが分かる．かのアリストテレス（Aristotle）も，感性に相当する人間の能力について深い思索を行っているが（中村，2000），そこから現代にいた

---

1) 「オノマトペ」という用語は，正確には擬声語，擬音語など「音」を言語音で真似る語を指す用語だが，本章では便宜的に，擬声語，擬音語，擬態語，擬情語などの総称としてこの用語を用いる（第3節 (b)，第1巻第1章参照）．「音象徴」は，「おとしょうちょう」「おんしょうちょう」の2通りの読み方がある．認知心理学では「おとしょうちょう」と読む人が多く，言語学では「おんしょうちょう」と読む人が多いようである．

るまで，様々な思想家や研究者による膨大な文献が見つかる．感性とは何か，どのようにして機能しているのか，といった問いには，簡単な答えはない．外界からの刺激の単純な受容でもなく，視覚，聴覚，臭覚，味覚，触覚のいわゆる「五感」や体性感覚，内臓感覚などだけでもなく，それらを横断しつつさらに美的経験，感動，評価などの主観的経験まで含む高次の能力として，感性は，「人間のこころとは何か」という究極の問いにも直結する．さらに「言語と感性にはどのような関係があるのか」という問いが加わることによって，この問題は複雑で高度なものとなる．もちろん，現在までに完全な答えは出ていない．様々な分野の研究者たちがこぞってこの問題に取り組んでいる所以である．

　感性の特性の1つとして，異なる知覚情報を統合するはたらきがあるらしい，ということが古くから論じられてきた．知覚の種類によって分断されない横断的・統合的感性のあり方は，「共通感覚」（コイネー・アイステーシス）と呼ばれ，国内でも注目されている（長島，2001；中村，2000）[2]．この概念が，本章で論じる「感性」に相当する．三浦（2016）はこれを現代の認知科学的表現に置き換え，「ものやことに対して，無自覚的，直観的，情報統合的に下す印象評価能力」であって創造や表現などの心的活動にも関わる，と述べているが，ここから分かるように，日常的な語としての「感性」（美的判断やセンス，といった意味）よりも広く定義されている．感性は人間が誰でも基本的に持っている認知能力だが，その本質は意識的に自覚することができない．

第2節
感性にまつわる研究，特に言語学との関連

　このように，「感性」は昔から哲学的に考察され，現代では認知科学において再定義された．そして特に工学と認知科学の学際分野で急速な発展を見た．芸術，デザインなどの主観的，美意識的な領域での感性を研究に取り込もうという，工学の側からの動機もあったのだろう．目下，感性という捉えどころのない主観的現象を量的にデータ化し分析する方法，またそれを人間にとって意味のある技術や生産物へと応用する方法の研究が盛んに行われている．この傾

2）「コイネー・アイステーシス」の概念は，アリストテレスの著作『デ・アニマ』（霊魂論）で論じられたとされているが，長島（2001）によれば，アリストテレスは『自然学小論集』の中でこの言い方を用いており，それが『デ・アニマ』で論じられた感覚の概念と対応するとのことである．

第1部　第2節　感性にまつわる研究，特に言語学との関連　　　*45*

向は 20 世紀末ごろから特に顕著で，「感性工学」「感性認知学」といった分野が生まれ，学会の設立や，研究所，学科，専攻などの設置として実現している．

　一方，感性の研究を通じて言語の意味，構造，機能などの本質に迫ろうとする試みは，20 世紀以降の言語研究においてはもっぱら認知言語学（cognitive linguistics）がその役割を担ってきた．このことは，認知言語学の成立以前からの言語学史をひもとくと分かりやすい．20 世紀のはじめ，米国の言語人類学者エドワード・サピア（Edward Sapir）の功績の上にレナード・ブルームフィールド（Leonard Bloomfield）が立ち上げたアメリカ構造（主義）言語学（American structural linguistics）が盛んとなり，記述言語学が発展した．20 世紀中盤からは，これに代わり，マサチューセッツ工科大学のノーム・チョムスキー（Noam Chomsky）による生成文法（generative grammar）が理論言語学の主流となった．これらの理論は，意味や主観性といった客観的分析の難しい対象を言語学の研究範囲から排除した．これに対し，1980 年代にジョージ・レイコフ（George Lakoff）やロナルド・ラネカー（Ronald W. Langacker）などがチョムスキー派から分派した形で認知言語学を立ち上げていく（Lakoff and Johnson, 1980；Lakoff, 1987；Langacker, 1987, 1991）．これらの認知言語学者らは，特にチョムスキー思想において顕著であった統語論中心主義や意味軽視の考え方に反意を唱え，「意味」を言語の中心と捉えるべきであると主張し，言語の持つ主観的要因を積極的に研究対象として位置づけた．さらに認知言語学では，言語の「意味」を取り扱う際，抽象化された「概念」にとどまらず，概念化を行う主体の主観が「意味」であるという立場をとり，感性にうったえる印象も言語の「意味」の一部として研究対象とすることへの道を開いた[3]．これらの認知現象は人間の脳内の様々な機能と関わりを持つゆえに，言語以外の多様な認知機能との関連において言語の構造や機能を研究していくことにな

3）　意味論（semantics）の長い歴史が示すように，「意味」を一言で定義するのは困難である．認知言語学以前の言語理論では，「辞書的な語義（sense）」を構成する要素，もしくはその心的存在が「概念」とほぼ同義であったが，それ以外にも「含意」（「中高年男性」に対し「おやじ」という語が持つ特殊なニュアンスなど）や，「フレーム」（「斜辺」の意味を理解するのに必要な，幾何学体系の知識など），また同量の物質に対して「まだ半分ある」「もう半分しかない」という際の主観性の違いなども，認知言語学では「意味」とみなす．「感性」はこれらに関連するほか，第1節で述べたように言語として表出されない主観的・無意識的経験や能力も含む．

る．これにより，感性を含む主観的経験を研究の視野に入れた言語の理論的研究が目標とされるに至ったのである．

　言語の意味の研究には様々なレベルや方法があるが，上記のように概念的意味ばかりでなく感性も言語分析の視野に含めるという立場を認知言語学がとったことは重要であった．その流れの中，「音象徴」という現象が認知言語学の重要な研究対象の1つとして定着していくこととなった．音象徴とは，簡単にいえば言語の音そのものが（言語体系に直接依存せずに）知覚や印象などの感性的特性を喚起する現象を指す（Hinton et al., 1994）．例えば，「ガンダム」というロボットの名前は /g/ という有声破裂音（濁音）で始まり，第3モーラには /d/ というこれまた有声破裂音があるが，これらの音を無声破裂音（静音）に変えて「カンタム」にすると，「ガンダム」と比べて大きくない，また強くもない印象になる．さらに共鳴音（/m, n, r, w, y/ などの子音）に変えて「マンナム」「ワンヤム」などとすると，強くないばかりでなく，硬い物質でできたロボットというよりもやわらかい素材でできている印象さえ生じる．このような印象は，概念的意味というよりも感覚もしくは感性に近い．この例では，有声破裂音は無声破裂音よりも「大きい」「強い」印象を生じること，また破裂音（阻害音の一種）と比べて共鳴音は「やわらかい」印象を与えることがうかがえる．

　このような音象徴現象の研究では，言語音の音声学的側面からの動機づけを検討する．その際に用いる音声学の概念や知見は，言語の身体的・物理的側面に直接つながっている．そのため音象徴は，認知言語学が目指す「言語の身体的動機づけ」の一例として格好のトピックであるといえる．このことから，音象徴が認知言語学の重要な研究テーマの1つと認識されるようになったのである．また，音象徴的な意味を担う語彙群であるオノマトペも，言語と感性の関係の探究のために分析すべき項目となった[4]．ただし一般にオノマトペと呼ぶ語群を，専門的には「音象徴語」と呼ぶのが研究者の間では主流となりつつあるので，注意が必要である．英語では，"mimetics" や "ideophone" などの専門

---

4)　オノマトペのような語群は言語によって豊富さが異なるため，多くの言語で同等に研究されているとはいえない．これに対し，音象徴現象は言語の違いによらず普遍的な認知現象という面が強いと考えられており，オノマトペよりも研究の広がりが急速であったように思われる．

第1部　第2節　感性にまつわる研究，特に言語学との関連　　*47*

用語が用いられる．

　認知言語学において音象徴やオノマトペといった研究対象が注目された背景には，意味や主観性の重視だけでなく，「言語記号の恣意性」をどう考えるかという問題があった．「恣意性」とは，スイスの言語学者フェルディナン・ド・ソシュール（Ferdinand de Saussure）が人間の言語記号の第1特性であると論じ，20世紀初頭に知られるようになったもので（Saussure, 1916 [1960]），言語記号の表現面（能記，シニフィアン）と，表される概念・意味（所記，シニフィエ）の関係に特段の根拠がなく，その言語共同体の中で「そう呼ぶ」という慣習的決まりごとがあるだけだ，ということを指している．例えば，英語の tree（/triː/）という音の連鎖は，英語では木という植物のカテゴリを意味するが，木の概念をその音で呼ばなくてはならない根拠はない．同じ概念を，別の言語では全く違う音の連鎖で呼ぶ．フランス語では arbre（/arbr/），ドイツ語では Baum（/baum/），日本語では「キ（/ki/）」である．このように，何をなんと呼ぶかは言語ごとに慣習的約束として決めているが，そこに言語システム外の根拠はない，というのが恣意性である．人間の言語は，この恣意性という性質を持つことで，いかなる新規な概念にも名前をつけることが可能となった．それによって，人間の言語は他の動物がこうむっている制約を脱して無限に記号を作れる余地を獲得した，という点は，人間の言語の本質を考察する上で極めて重要であることには異論はないだろう．

　一方で，音象徴的感性が存在するという事実は，この「言語記号の恣意性」に対し，少なくとも部分的反例となり得る．この気づきは重大だった．ソシュールの思想は没後に「構造主義」と呼ばれるようになり，その影響力は言語学だけでなく20世紀中盤までの現代思想においてゆるぎない位置を占めるものであった．哲学など人文学分野における構造主義思想とは別にしても，現代言語学はソシュールの打ち立てた「恣意的記号の体系分析」という基盤の上に成り立っていると考えられていたため，この言語観への反例というのは一種の悪役だった．そのため音象徴やオノマトペは，たとえ存在したとしても言語理論にとって本気で扱う価値のない些末な現象であるとされ，長く片隅に置かれていた．だが，意味や感性を視野に入れる認知言語学の発展とともに，再びこれらの現象が言語学において議論を呼ぶようになったのである[5]．恣意性という概

念に依存しなくても言語構造の研究は可能であるばかりか,言語の非恣意的(有契的)側面の研究は有用な発見につながる,という認識が現代の学際的研究土壌において定着してきたことも,この流れを支えたものと思われる.

ソシュールに始まる言語記号の恣意性についての議論,つまり「言語記号はどこまで恣意的といえるか」という議論は,現在でも続いている.この問題は,「言語記号は恣意的かそうでないか」といった単純化された二分法を脱し,「恣意性と慣用性の関係」や,「非恣意性・有契性」「類像性(iconicity)」の下位分類およびそれらの動機づけとなる非言語的背景など,より精密な研究課題に分化しつつ取り組まれている[6].音象徴とオノマトペの研究は,このトピックにおいて中心的役割を果たしている点で特に重要である.第3節以降では,現代言語学の流れにおける恣意性の扱いと,音象徴的感性の存在が投げかける問いの重要性を概観する.

第3節
音象徴とオノマトペ研究の流れ:20世紀以降を中心に

(a) 音 象 徴

現代言語学においてはソシュールの論じた「言語記号の恣意性」(Saussure, 1916 [1960])が言語の基本特性とみなされていたが,ソシュールの没後,その思想が出版された時期からほどなくして,恣意性の反例となる音象徴の実験研究が開始されていた.多くの音象徴研究論文で引用されているサピアの研究(Sapir, 1929)が代表的なものである.サピアは,例えば"mil"と"mal"という2つの語(いずれも英語話者にとっては意味のある既存の語ではない)を英語母語話者に提示し[7],大きなテーブルと小さなテーブルをそれぞれ呼ぶとしたらどちらの語がよりふさわしいか,といった質問形式で,英語の母音を含む様々な言語の母音について「大きさ」のイメージの喚起力を検証した.数量的に分析した結果,上記の例では /i/ の母音は小さいサイズを, /a/ の母音は大きい

---

5) 認知言語学において音象徴研究が盛んになった時期よりも先に,認知科学では音象徴的感性の研究が始まっていたが,現在においては認知科学と言語学の相互協力によって研究が発展している.
6) 英国のバーミンガム大学の言語学者ボド・ウィンター(Bodo Winter)の研究がこの点で近年注目されている.
7) 一部,中国語話者も含まれていたが,比較し得るほどの人数ではなかった.

第1部　第3節　音象徴とオノマトペ研究の流れ：20世紀以降を中心に　　*49*

サイズを表すのがふさわしいと被験者たちは感じる傾向が見られた．すぐに分かるように，/i/ は口腔の開きが小さい高母音であり，/a/ は口腔の開きが大きい低母音である．口腔の開き具合という身体的に知覚可能な感覚が，/i/ を小さいサイズと結びつけ，/a/ を大きいサイズと結びつける身体的動機づけになっているものと思われる．

　サピアと同時期に，ゲシュタルト心理学の祖と呼ばれ，重要な文献を著したヴォルフガング・ケーラー（Wolfgang Köhler）も，音象徴研究論文では定番の引用文献となっている（Köhler, 1929, 1947）．ケーラーの音象徴実験で頻繁に引用されるのは，"takete（タケテ）"と"maluma（マルマ）"という2つの無意味語で[8]，「タケテ」は直線的で鋭角の図形，「マルマ」は曲線的でゆるやかな図形を連想させることが，ゲシュタルト心理学の立場から論じられた．サピアの研究では物体の大きさと母音の関係について調べられていたが，ケーラーは図形の形に注目して子音との関連で音象徴現象の存在を論じたのである．「タケテ」は /t, k/ など無声破裂音を含み，「マルマ」は /m, l/ など共鳴音を含んでいるが，後の多くの再現研究で「無声破裂音は直線的・鋭角的図形と親和性があり，共鳴音はゆるやかな曲線的図形と親和性を持つ」ことが，様々な異なる言語の話者により確認されている．

　これらの音象徴研究は，言語学分野では20世紀終わりごろまで主流とはならなかったが，21世紀初頭に，脳神経科学をはじめとする多くの分野にまで音象徴への関心を著しい勢いで広めることとなったのが，ヴィラヤヌル・ラマチャンドラン（Vilayanur Ramachandran）とエドワード・ハバード（Edward Hubbard）の論文（Ramachandran and Hubbard, 2001）であった．共感覚という脳神経現象（例えばある音程の音を聞くと自動的に特定の色が見える，ある言語音を聞くと特定の味を感じるなど，異なる知覚モダリティの間で特定の連結が生じる現象）についての論文だが，脳の構造に起因する共感覚を常時経験する人たちだけでなく，それ以外の人も，言語音と視覚的印象とが結びつい

---

8) 1929年の初版で用いられた無意味語が"takete/baluma"であったのに対し，1947年の第2版では"takete/maluma"と修正されている．"baluma"は有声破裂音と共鳴音を子音として含んでいるのに対し，"maluma"は子音が共鳴音のみとなっており，言語学的には後者の方がより一貫性を持つため，第2版の"takete/maluma"が音象徴関連の文献ではよく引用されている．

て感じられる経験をゆるやかな仕方で持っていることが指摘されている．ラマチャンドランとハバードは具体的にはケーラーとほぼ同様に，鋭角的図形と曲線的図形の視覚的対比を用いつつ，言語音としては「ブーバ」「キキ」という無意味語を用い，「ブーバ」は曲線的図形に，「キキ」は鋭角的図形に対応する，と論じた．これは「ブーバ・キキ効果」として認知科学者や脳神経科学者の関心を呼び，広い分野の研究者に知られるに至った．20世紀末より音象徴の研究は急速に増大していたが，ラマチャンドランとハバードの研究によりさらに加速し，21世紀初頭には数え切れない論文が世に出ることとなった（秋田, 2013b）．

　日本の言語学者もこの流れに参加した．日本語話者による実験研究を含め，日本人研究者による国際学会での発表や出版物が増大した（慶應義塾大学の川原繁人による研究が顕著である）．特に，日本のコンピュータゲームであるポケモンの名前をデータとして利用した音象徴研究は世界各国の研究者の興味を呼び，「ポケモン言語学（Pokémonastics）」という分野名までついているほどだ（川原繁人のウェブサイト参照）．

　音象徴研究論文は大量にあるが，これまでに報告された音象徴現象（どんな言語音がどんな感性的イメージと結びつくか）の代表的なものを図3.1に簡略化してまとめておく．また直接知覚できない，より抽象度の高いイメージにも音象徴があらわれることが指摘されているが，これについては図3.2に一部を

図3.1　知覚的音象徴の例（Lockwood and Dingemanse, 2015；Shinohara et al., 2020 より一部改変）

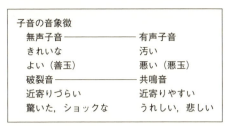

図 3.2 抽象度・主観性がより高い音象徴の例
(Kawahara et al., 2008, 2015；Uno et al., 2020 より一部改変)

まとめた．日本語で読める詳細な説明は篠原・秋田（2019）を参照されたい．

以上のように，20 世紀から 21 世紀初頭にかけて急速な発展を見せた音象徴研究だが，初期に想定されていたような普遍性の仮説（どの言語の話者でも同じような音象徴的感覚を持つであろうという想定）には，一定の疑義も提示されている．例えば「硬さ」の音象徴では，日本語話者は有声破裂音 /b, d, g/ などの方が無声破裂音 /p, t, k/ などよりも「硬い」（オノマトペでいえば，例えば「バリバリ」のお煎餅は「パリパリ」のお煎餅よりも硬い）と感じるが，英語話者やフランス語話者はその逆で，無声破裂音の方が有声破裂音よりも「硬い」と感じる傾向があることが分かっている（Shinohara, et al., 2017；Shinohara et al., 2023）．また，1 つの単語の中のどの位置にある音が音象徴効果を強く持つかについても言語差があることが分かっている（Shinohara and Uno, 2022）．こういった言語差については今後の研究の発展が期待される．

(b) オノマトペ

音象徴に言及する場合，類似した項目として必ずといってよいほど登場するのが，いわゆるオノマトペである．ただし，「オノマトペ」という用語と「音象徴」という用語は異なる対象を指しているので，注意を要する．「オノマトペ」は，音象徴的性質を強く持つ語群を指す用語として，日本では一般化しているが，あくまでも語もしくは語群を指しており，音象徴現象そのものを指すのではない．言語学的には，語群を指すのは「音象徴語」という用語である．

英語の "onomatopoeia" は，元来，声や音を言語音で真似た，擬声語・擬音語のみを指す．「コケコッコー」や「ガシャン」は "onomatopoeia" だが，「キ

ラキラ」は "onomatopoeia" ではない．なぜなら宝石はどんなに輝いても「キ
ラキラ」という音を発することはなく，「キラキラ」は視覚的状態を指してい
るからである．布団などに用いる「ふかふか」も，音ではなく触り心地を表し
ているので "onomatopoeia" ではない．このように，声や音はないが視覚，触覚，
その他の知覚情報を言語音で表した語は，「擬態語」と呼ばれる．日本語では
さらに，「ハラハラ」「うっとり」「ズキンズキン」などのように，外からは知
覚できない個人の内面の状態や痛覚などを表す語群も発達しており，研究者は
これらを「擬情語」と呼んで「擬態語」とは区別している．このように，これ
らの語群はその指している内容によって区別される．

　日本語の研究では「オノマトペ」という用語がしばしば用いられてきたが，
現在，認知科学に近接する言語学においてこれを取り扱う場合，専門家が用い
る用語は日本語では「音象徴語」，英語では "mimetics" である．また "ideophone"
という語も用いられる．下位分類として，① 擬声語や擬音語を "phonomime"
（phono＋mime），② 擬態語を "phenomime"（pheno＋mime），③ 擬情語を
"psychomime"（psycho＋mime）と呼ぶなど，工夫がなされている（秋田，
2013b）．以上のように用語がやや錯綜する現状があり，初学者には難しい面
もあるので，以下では便宜的に，擬声語，擬音語，擬態語，擬情語などの総称
として，「音象徴語」という意味で「オノマトペ」を用いることにする．

　オノマトペについて注意すべき点は，日本語には豊富だが，そのような語彙
をほとんど持たない言語もある，ということである．逆に，オノマトペを豊富
に持つ言語は日本語だけだと考えるのも間違っている．オノマトペは日本語の
専売特許ではなく，他にもオノマトペが豊富な言語が多数ある．アフリカ，南
アジア，東南アジア，アマゾン，オーストラリア原住民の一部の言語など，オ
ノマトペを豊富に持つ言語は世界に数多く存在する（Samarin, 1970；Voeltz
and Killian-Hatz, 2001）．

　オノマトペに関して日本語に特徴的な点は，精緻な音韻構造・形態構造が見
られる点であろう．語の内部の音（母音，子音，またそれらを組み合わせた音
節）の配列に音韻論的体系性があり，品詞構造や文法に関わる形態論的体系性
も持っており，さらにそれらの体系性に意味構造が関連している（浜野，
2014；Akita, 2009；虎谷，2013）．

また，語彙構造的にも，前述の擬音語，擬態語，擬情語という下位構造，すなわち語群内に段階性がある点が特徴的である．擬声語や擬音語を豊富に持つ言語は多く，その点では日本語はなんら特殊ではないが，擬声語や擬音語のほかに擬態語も持っている言語となると数が減り，さらに擬情語まで持つ言語はわずかであるといわれている．

語彙構造という点では，日本語の語彙全体に占めるオノマトペの位置が独特である．日本語には，古代からあった「やまと言葉」や，4世紀以降に中国語からの外来語として流入し，現在では日本語の一部として完全に定着している「漢語」，そして主に明治維新後に欧米から大量に流入した外来語である「カタカナ語」[9] といった異なる語群が存在するが，そのそれぞれに違った音韻規則や形態規則がある．オノマトペは，上記の3グループのいずれとも異なる規則を持つため，結果として日本語には ① やまと言葉，② 漢語，③ （主に欧米由来の）カタカナ語，④ オノマトペ（音象徴語），という4つの異なる語彙階層がある，という説が現在有力である（Akita, 2008）．こういった点は主として言語学の理論上の関心事ではあるが，文法化の進み具合や多義性における言語的特徴の分析など，多くの研究成果があがっている（秋田，2013a；虎谷，2013）．

感性という観点から興味深いのは，オノマトペの持つ階層性が，類像性（記号がその表すものと似ている度合いで，英語では "iconicity" という用語で知られている）と深く結びついている，という指摘である．まず，擬声語や擬音語は，外界の声や音を言語の音で表しているため，音で音を表している点で類像性が高いとされる．これに対し，擬態語は，形や大きさ，色や明るさなどの視覚情報や，手触りや硬さ，重さといった触覚情報など，「音声ではない」知覚モダリティの情報を言語の「音」で表すので，その点で擬声語や擬音語と比べて類像性が低いと解釈される．さらに，外部からではそもそも知覚できない（本人にしか分からない）心理状態や痛みなどを表す擬情語は，「音」からはさらに遠いので，類像性がますます低くなる．こういった類像性階層理論を用いた

---

9)　いわゆる「外来語」という言い方はこの最後のグループを指すようだが，漢語も厳密には外来語の一種で，やまと言葉とは様々な点で構造が異なる．

オノマトペ研究は，近年，言語類型論への貢献でも注目されている（Akita, 2009 など）.

音象徴研究とオノマトペ研究の両方にいえることだが，これらの研究は認知言語学や認知科学の分野を経由して世界的に注目されるようになった．すなわち，日本語だけの問題としてオノマトペを研究する時代は終わっており，もはやこのテーマは国内だけの閉じた分野ではなくなった．人類全体の言語能力と言語構造，認知能力，さらには言語進化学の研究の一端を担う研究テーマとなっている．当然のことだが，学際的研究が急速に発展しつつあり，他の分野での研究成果にも目を配る必要が生じている．次節では，近年発展してきた学際的な研究の事例を解説する.

||||||||||||||||||||||||||||||| **第 2 部　　今後の展望** |||||||||||||||||||||||||||||||

第 4 節
言語学と隣接分野の協力

言語現象としてのオノマトペや音象徴の諸側面は，主として言語学において研究が推進されてきたが，もちろんこのテーマは言語学だけのものではない．ヒトを被験者とする実験を主たる方法として採用する認知心理学や発達心理学，また近年発展のめざましい脳神経科学などで詳しい研究がなされている．また現実社会への応用・実装を得意とする工学分野，特に人工知能や言語情報処理などを含む諸分野でも，音象徴やオノマトペに関連する発展的研究が盛んである．さらに，近年新たな研究領域として定着しつつある言語進化学においても，音象徴現象やオノマトペなどのような類像性の高い要素は不可欠の重要な概念となっている．本節では，これらの中から興味深い学際研究をいくつか選び，紹介する.

まず，認知発達に関わる領域での音象徴およびオノマトペ研究に興味がある読者は，認知心理学や発達心理学での研究を調べてみるのが近道であろう．これらの分野についてぜひ参照してほしいのは，長く言語発達の研究に携わり国際的に知られる研究成果を発表している今井の諸研究である．中でも，乳児，幼児が生まれながらにして持っている一般的認知能力のうち言語発達に使われているバイアスや，音象徴的特性を強く持つ語彙が母語を問わず幼児の言語発

達の助けとして有効に機能し得ることなどを指摘した研究は重要である．入門的に学べる日本語の書物としては，今井（2013）がある．また佐治のチームの研究（Saji et al., 2013, 2019）も含め，認知心理学・発達心理学分野では音象徴に関連する重要な知見が蓄積されている．

　また近年は脳の構造の解明に大きな期待が寄せられており，社会的な関心も高い．音象徴やオノマトペの研究は，fMRI などの技術による脳神経科学的な方法を応用することが可能であり，今後の発展が期待される．従来の言語学が主に用いてきた言語直観とアブダクションによる仮説構築や，心理学が主に用いている行動科学的な研究方法に対し，脳神経科学はさらに緻密な生物学的エビデンスを提供してくれる．世界的に知られているのはラマチャンドランとハバードの「ブーバ・キキ効果」だが，これは共感覚の研究とも関連が深い．国内では浅野らの共感覚研究が音象徴との関連で参考になる（浅野・横澤, 2020）．

　さらに，工学系分野との学際的研究も進んでいる．これは言語学や心理学の方法で解明された音象徴現象を広く社会に役立てる発展的研究となる点で重要である．例えば人工知能学会では，2011 ～ 2013 年に「オノマトペの利活用」というテーマでセッションが開かれ，オノマトペの工学研究が様々紹介された．その後『人工知能』で同名の特集も組まれた（小松, 2015）．工学的応用研究の具体例としては，オノマトペが表す触感や動きを触覚ディスプレイや歩行ロボットで再現し，他の人が再現したものと比較する研究（大海ほか, 2013；近藤, 2013）や，人工知能によって音象徴的イメージを計算することで人間に馴染みやすい応用技術を開発する研究（坂本, 2018；坂本・渡邊, 2013），また人間の感性を拡張し，より豊かな感じ方を育てるための触覚技術の研究（渡邊ほか, 2013, 2020）なども注目される．

　スポーツ指導への応用という点でも，オノマトペや音象徴は近年注目を集めている．スポーツ指導におけるオノマトペ利用の効果や音象徴と身体動作の関係については，実証的研究が端緒についたばかりで，これからの発展が期待される．基礎研究としては Yamauchi et al.（2019），Shinohara et al.（2016）などがある．

　食品工学との学際研究では，食体験，食文化などのように日常生活や異文化

理解と直結するテーマへの応用研究が行われている．食への応用は一般社会へのインパクトが大きく，人々の関心も高いため，産業界からの支援も豊富にあり，近年急速に研究が広がっている．食べ物を口に入れて咀嚼し味わった際の食感や味は，通常の概念的・論理的言語表現では伝わりにくく，オノマトペやメタファで表現されることの多い知覚情報である．これを利用して，食品の持つ物理的特性と人間の主観的感性の間の相関を調べるなどの基礎研究が行われている（宇野ほか，2017；諏訪ほか，2015など）．また，オノマトペによる言語情報を与えられることによってどのように食品の主観的印象や食体験が変化するか，といった研究も行われている（舟久保ほか，2016）．海外では，オクスフォード大学のチャールズ・スペンス（Charles Spence）による食感や味についての研究がよく知られている（Spence, 2015）．

人文社会科学系分野との連携は，いうまでもなく盛んである．文学，芸術，メディア学，マンガ学など，多岐にわたる人文社会科学系分野において，オノマトペや音象徴現象が取り扱われてきた．マンガ学については夏目（2013）やShinohara and Matsunaka（2009）（また第3巻第5章も参照），文学・芸術とのコラボについては渡邊ら（2013）の論文などが参考になるだろう．これらを含め，様々な人文社会科学系分野との交流が21世紀に入って急激に盛んになっている．

また近年になって学問の舞台に登場し，急速に発展しつつある新しい学術領域として，言語進化学がある．過去には信頼できる方法論がなかったため学術的に不確かな言語起源論が横行したことから，1866年にはパリ言語学会で言語起源論の研究発表が禁止されるという残念な歴史もあったことが知られているが，現在では多数の領域を横断した成果の比較，統合が可能となっており，言語起源，言語進化へのアプローチが進んでいる．そこでは，音象徴のような類像性の高いシンボルの発生，利用が言語進化の要因の1つとして考察の俎上にのっている．こうした新しい言語起源論，言語進化学の基礎的文献も出版されている（Haiman, 2018；Tomasello, 1999など）．国内では文部科学省の助成金による新学術領域「共創的コミュニケーションのための言語進化学」が2017年に開始され，数年にわたって多方面の研究者が共同研究を行い，国際的にも珍しい分野融合的コミュニティが生まれた．この新領域については岡ノ

谷・藤田（2022）が詳しく解説している．

第5節
感性研究と言語

以上述べてきたように，「ことばと感性」の研究には様々な切り口がある．もちろん本章には記載しきれなかった多くの興味深い研究が現在も進行中である．これには，「何々学」「何々分野」といった単純なまとめ方のしづらい新興分野での研究も含まれる．本章のコラムでその一部を紹介するが，例えば素材の「手触り」（テクスチャー）のように欧米ではあまり注目されていない種類の感性を取り上げた学際研究が，近年特に国内で盛んになってきているようだ．

また，言語学の研究においては人と人との間の外的な情報伝達に焦点が当たりがちだが，言語は情報伝達のためだけにあるのではなく個人の内面での自己確認にも用いられる，との気づきから，感性を内面で確かめ深化させる言語のはたらき（感性探索的言語使用）を調べる研究も行われている．オノマトペはこの感性探索の機能に優れていると思われるため，研究材料として有用である（コラム「オノマトペに見る体験と想像のずれ」，コラム「ことばの「素材」を味わう」参照）．

こういった新しい研究課題は，先行研究が十分でないために仮説が作りづらいという難点はあるが，創造性の高い新規な貢献ができる点で大きな可能性を秘めている．将来，こういった冒険的な研究に取り組む気鋭の研究者が生まれることに期待したい．

推薦図書

音象徴・オノマトペの研究に新たに参入しようと考えるみなさんに適した文献をいくつか挙げる．平易で読みやすい入門書として，『オノマトペの認知科学』（秋田，2022）がある．また『オノマトペの謎―ピカチュウからモフモフまで』（窪薗，2017），『「あ」は「い」より大きい!?―音象徴で学ぶ音声学入門』（川原，2017）があるが，さらに進んで具体的研究の参考にしたい場合には，『オノマトペ研究の射程―近づく音と意味』（篠原・宇野，2013）の関連する章を参照することをすすめる．特に本書の第19章「オノマトペ・音象徴の研究史」は，21世紀初頭までの研究の発展について本章に含めることができなかった詳細な事項を含んでおり，有用である．日本語オノマトペの研究を行う際には，国際的に知られている浜野の博士論文を踏まえるとよい（日本語版は『日本語のオノマトペ―音象徴と構造』（浜野，2014））．

文 献

Akita, K. (2008)「音象徴語の範疇化問題へのひとつの答え―田守＆スコウラップ (1999) へのリプライ」『日本認知言語学会論文集』**8**：428-438.

Akita, K. (2009) *A Grammar of Sound-Symbolic Words in Japanese: Theoretical Approaches to Iconic and Lexical Properties of Mimetics*. Ph.D. dissertation, Kobe University.

秋田喜美 (2013a)「共起特性から見るオノマトペのフレーム意味論」篠原和子・宇野良子 (編)『オノマトペ研究の射程―近づく音と意味』pp. 101-115, ひつじ書房.

秋田喜美 (2013b)「オノマトペ・音象徴の研究史」篠原和子・宇野良子 (編)『オノマトペ研究の射程―近づく音と意味』pp. 333-364, ひつじ書房.

秋田喜美 (2022)『オノマトペの認知科学』新曜社.

浅野倫子・横澤一彦 (2020)『共感覚』勁草書房.

舟久保健太ほか (2016)「外装パッケージにおける食感表現「カリッ」と喫食時食感表現の一致性」『日本農芸化学会関東支部講演要旨集』p. 36.

Haiman, J. (2018) *Ideophones and the Evolution of Language*, Cambridge University Press.

浜野祥子 (2014)『日本語のオノマトペ―音象徴と構造』くろしお出版.

Hinton, L. et al. (1994) *Sound Symbolism*, Cambridge University Press.

今井むつみ (2013)『ことばの発達の謎を解く』筑摩書房.

川原繁人 (2017)『「あ」は「い」より大きい!?―音象徴で学ぶ音声学入門』ひつじ書房.

Kawahara, S. et al. (2008) A positional effect in sound symbolism: An experimental study. *Proceedings of the Eighth Annual Meeting of the Japanese Cognitive Linguistics Association* **8**: 417-427.

Kawahara, S. et al. (2015) Iconic Inferences about Personality: From Sounds and Shapes. In M. K. Hiraga et al. (eds.) *Iconicity: East Meets West*, pp. 57-69, John Benjamins.

川原繁人のウェブサイト.
http://user.keio.ac.jp/~kawahara/index_j.html (最終アクセス日：2024/3/30)

Köhler, W. (1929) *Gestalt Psychology*, Liveright.

Köhler, W. (1947) *Gestalt Psychology*, 2nd ed., Liveright.

小松孝徳 (2015)「特集「オノマトペの利活用」にあたって」『人工知能』**30**(1)：134.

近藤敏之 (2013)「歩行ロボットの身体動作設計に見るオノマトペ・情動表現の共通理解」篠原和子・宇野良子 (編)『オノマトペ研究の射程―近づく音と意味』pp. 261-276, ひつじ書房.

窪薗晴夫 (編)(2017)『オノマトペの謎―ピカチュウからモフモフまで』岩波書店.

Lakoff, G (1987) *Women, Fire and Dangerous Things*, The University of Chicago Press.

Lakoff, G. and Johnson, M. (1980 [2003]) *Metaphors We Live By*, The University of Chicago Press.

Langacker, R. W. (1987) *Foundations of Cognitive Grammar, Volume I: Theoretical Prerequisites*, Stanford University Press.

Langacker, R. W. (1991) *Foundations of Cognitive Grammar, Volume II: Descriptive Application*, Stanford University Press.

Lockwood, G. and Dingemanse, M. (2015) Iconicity in the lab: A review of behavioural, developmental, and neuroimaging research into sound-symbolism. *Frontiers in Psychology* **6**: 1246.

三浦佳世 (2016)『感性認知―アイステーシスの心理学』北大路書房.

長島智子 (2001)「アリストテレス『デ・アニマ』における感覚論―「結合体」論との関わりの解明」学習院大学哲学会『哲学会誌』(25): 19-38.

中村雄二郎 (2000)『共通感覚論』岩波書店.

夏目房之介 (2013)「マンガにおけるオノマトペ」篠原和子・宇野良子 (編)『オノマトペ研究の射程―近づく音と意味』pp. 217-241, ひつじ書房.

大海悠太ほか (2013)「触感を構成する実験からアクティブタッチを考える」篠原和子・宇野良子 (編)『オノマトペ研究の射程―近づく音と意味』pp. 245-260, ひつじ書房.

岡ノ谷一夫・藤田耕司 (2022)『言語進化学の未来を共創する』ひつじ書房.

Ramachandran, V. and Hubbard, E. M. (2001) Synaesthesia: A window into perception, thought and language. *Journal of Consciousness Studies* **8**(12): 3-34.

Saji, N. et al. (2013) Cross-linguistically shared and language-specific sound symbolism for motion: An exploratory data mining approach. *Proceedings of the 35th Annual Conference of the Cognitive Science Society*, 1253-1258.

Saji, N. et al. (2019) Cross-linguistically shared and language-specific sound symbolism in novel words elicited by locomotion videos in Japanese and English. *PLOS ONE* **14**(7): e0218707.

坂本真樹 (2018)『感性情報学―オノマトペから人工知能まで』コロナ社.

坂本真樹・渡邊淳司 (2013)「オノマトペの音象徴を利用した人の感性の定量化と光学的応用の可能性」篠原和子・宇野良子 (編)『オノマトペ研究の射程―近づく音と意味』pp. 299-314, ひつじ書房.

Samarin, W. J. (1970) Inventory and choice in expressive language. *Word* **26**: 153-169.

Sapir, E. (1929) A study in phonetic symbolism. *Journal of Experimental Psychology* **12**(3): 225-239.

Saussure, F. de (1916 [1960]) *Cours de linguistique générale*, Payot. [*Course in General Linguistics*, Peter Owen.]

篠原和子・秋田喜美 (2019)「音象徴・オノマトペと認知言語学」辻　幸夫 (編集主幹), 楠見　孝ほか (編)『認知言語学大事典』pp. 405-416, 朝倉書店.

Shinohara, K. and Matsunaka, Y. (2009) Pictorial Metaphors of Emotion in Japanese Comics. In C. Forceville and E. Urios-Aparisi (eds.) *Multimodal Metaphor*, pp. 265-293, Mouton de Gruyter.

篠原和子・宇野良子 (編)(2013)『オノマトペ研究の射程―近づく音と意味』ひつじ書房.

Shinohara, K. and Uno, R. (2022) Exploring the positional effects in sound symbolism: The case of hardness judgments by English and Japanese speakers. *Languages* **7**: 179.

Shinohara, K. et al. (2016) Takete and Maluma in action: A cross-modal relationship between gestures and sounds. *PLOS ONE* **11**(9): e0163525.

Shinohara, K. et al. (2017) Sound symbolism of food texture: Cross-linguistic differences in hardness. The 14th International Cognitive Linguistics Conference, University of

Tartu, Estonia.

Shinohara, K. et al. (2020) Visual and proprioceptive perceptions evoke motion-sound symbolism: Different acceleration profiles are associated with different types of consonants. *Frontiers in Psychology* **11**: 589797.

Shinohara, K. et al. (2023) Does Japanese have language-specific sound symbolism? A comparison with English and French. The 16th International Cognitive Linguistics Conference, Heinrich Heine University Düsseldorf, Germany.

Spence, C. (2015) Eating with our ears: Assessing the importance of the sounds of consumption on our perception and enjoyment of multisensory flavour experiences. *Flavour* **4**(1): 3.

諏訪正樹ほか (2015)「創作オノマトペによる日本酒を味わう表現の研究」『人工知能学会全国大会論文集』**29**.

Tomasello, M. (1999) *The Cultural Origins of Human Cognition*, Harvard University Press.

虎谷紀世子 (2013)「副詞的オノマトペの特殊性」篠原和子・宇野良子 (編)『オノマトペ研究の射程―近づく音と意味』pp. 85-99, ひつじ書房.

Uno, R. et al. (2017) Confidence in expressing novel texture. *Proceedings of the 3rd IEEE International Conference on Cybernetics*. 367-372. IEEE Xplore Digital Library.

宇野良子ほか (2017)「米菓のオノマトペ表現にみる食体験とその記憶のずれ」『人工知能学会全国大会論文集』**31**.

Uno, R. et al. (2018) Which crackers are you talking about? Analysis of Japanese mimetics for imagined food textures. The 1st Conference on the Language of Japanese Food.

宇野良子ほか (2019)「コミュニケーションの有無がもたらすオノマトペ表現の変化」『日本認知科学会第 36 回大会論文集』662-665.

Uno, R. et al. (2020) What's in a villain's name? Sound symbolic values of voiced obstruents and bilabial consonants. *Review of Cognitive Linguistics* **18**(2): 428-457.

Uno, R. et al. (2022) Analysis of the Use of Japanese Mimetics in the Eating and Imagined Eating of Rice Crackers. In K. Toratani (ed.) *The Language of Food in Japanese: Cognitive Perspectives and Beyond*, pp. 56-77, John Benjamins.

Voeltz, E. F. K. and Killian-Hatz, C. (2001) *Ideophones*, John Benjamins.

渡邊淳司ほか (2013)「オノマトペを (再) 記号接地する試み―音声詩と触り心地のワークショップ」篠原和子・宇野良子 (編)『オノマトペ研究の射程―近づく音と意味』pp. 315-329, ひつじ書房.

渡邊淳司ほか (2020)「空気伝送触感コミュニケーションを利用したスポーツ観戦の盛り上がり共有― WOW BALL としての検討」『日本バーチャルリアリティ学会論文誌』**25**(4): 311-314.

Yamauchi, N. et al. (2019) Crossmodal association between linguistic sounds and motion imagery: Voicing in obstruents connects with different strengths of motor execution. *Perception* **48**(6): 530-540.

コラム　オノマトペに見る体験と想像のずれ

　「うさぎがぴょんぴょん」という表現は，一見とても自然に思われる．しかし自分の経験をよくよく思い出してみると，目の前にいるうさぎが元気よく「ぴょんぴょん」と飛び跳ねていることは滅多にない．私たちが実際に見る飼育小屋のうさぎは，どちらかといえば「のそのそ」しているものだ．

　同じことが，「お煎餅をばりばり食べる」という表現についてもいえる．お煎餅の硬さを表すオノマトペについて研究すると，お煎餅はだいたい３つのタイプに分かれることが分かる．最も硬い「ばりばり」タイプ，柔らかい「もちもち」タイプ，そして，中間の「ぱりぱり・さくさく」タイプである．調査から，人々が最も馴染んでいるのは中間タイプ（ぱりぱり・さくさく）のお煎餅であることが分かった．一方で，実際に食べるのではなく自分がお煎餅を食べていると想像した場合，その食感を言葉で表現するとすれば「ばりばり」だ，という人が圧倒的に多い．この「想像上のお煎餅」についてさらに表現を集め，オノマトペとその構成音を分析すると，なんと，想像上のお煎餅は「ばりばり」タイプの中でも極端に硬く，歯で噛み砕けないくらいの硬度のお煎餅に相当することが分かった．普段いちばん食べているのは「ぱりぱり・さくさく」タイプなのに，いわゆる「お煎餅」を「食べている」と想像すると，硬いタイプになってしまう．このズレはどこから来るのだろう．

　私たちは，本当に食べていなくてもお煎餅について言葉で語れる．単に「お煎餅」というときは，まさに噛んでいるその食体験よりも，「お煎餅といえば」といった一般的特性を言葉の意味として考えているのだろう．一方，実際に食べながら食感を言葉で表そうとすると，感じた物の質感を何とか表現しようとし，感じたことと言語の意味との注意深いマッチングが行われるので，質感を「言葉で測る」ことになる．この違いが上記のようなズレを生んでいるのではないか．情報伝達やコミュニケーションを目的としない言語の機能については多くの議論がなされてきたが，「言葉で測る」のもまたその１つであり，言語に生き生きとした個別の経験が介入するきっかけとなるのだろう．

　（本コラムは Uno et al. (2018)，Uno et al. (2022) で発表した研究に基づいている．）

コラム　ことばの「素材」を味わう

　布の肌触りや食べ物の口当たりを，私たちは楽しむことができる．同じように，言葉の響きや文字の見た目なども「素材」の質感を感じさせるので，それを探るのは純粋な楽しみとなり得る．また言葉という素材の質感探索は，新しい語を創造するよろこびも与えてくれる．例えば，「グーグル」という名詞から「ググる」という動詞を作れることに気づいた瞬間，人は楽しいと感じるかもしれない．また「原稿」の「稿」と「縞」の形が似ていることから，原稿を書くことを「原縞る」といってみるのも面白い．

　このような新しい質感探索は，言語だけでなく様々なコミュニケーションのメディアで行われる．マッチ棒やクリップが手元にあれば，色や形に注目して何かの形に並べようとするかもしれない．人間はメディアや材料を与えられるとその素材の質感を探索し，表現の可能性を考えることに興味を抱くようだ．

　オノマトペは，他の語彙と比べて素材感が露わである．普通のオノマトペでも，音とイメージの結びつき（音象徴性）には語によって強弱があるのだが，辞書にないようなその場限りの新しいオノマトペ（臨時オノマトペ）を創作するとなると，音象徴性はずっと高くなる．私たちの実験研究では，質感を表すのに「ねばねば」「つるつる」のような普通のオノマトペが用いられる場合と，「うにょーん」「ついっついっ」のような臨時オノマトペが創作される場合があった．どのような条件のもとでこういった創造的臨時オノマトペが多くなるのかを調べたところ，質感や参加者自身の特性など，様々な要因が関わっていた．

　オノマトペを使った質感探索の研究を通じて，言語に限定されない人間の創造性についての知見が得られるかもしれない．これが，学際的な音象徴・オノマトペ研究が魅力的なものとなっている理由の1つであろう．

　（本コラムは，Uno et al. (2017)，宇野ほか (2019) で発表した研究に基づいている．）

第4章

渡邊淳司

ことばと知覚・情動

◆ キーワード

触知覚，情動，オノマトペ，触相図，感性表現語，オノマトペ情動ログ，感マップ，
わたしたちのウェルビーイングカード

　本章では，自身の知覚や情動を，身体感覚に根差したことばによって外在化し，
その関係性を可視化することで，自身の感覚のあり方を理解し，他者と共有する
ことを可能とする方法論について紹介する．第1節では，感覚とことばについて
本章での捉え方を述べ，第2～4節では，感覚とことばの関係を捉えるこれまで
での研究のまとめとして，触知覚とことばについて取り上げる．第5～6節では，
現在進行中の研究として，情動とことばの関係性とその応用の視点から，心身の
状態を可視化・共有する方法論，および体験評価への適用について述べる．これ
らの事例は，ことばによって分節化された知覚や情動を可視化することが，自己
理解や他者との体験の共有，創造的対話のきっかけとなることを示唆するもので
ある．また，最後に，第7節では，感覚や心的状態の把握とともに，それぞれの
人の価値観を知ることがウェルビーイング（よく生きるあり方，よい状態）にとっ
て重要であると考え，その試みと将来への展望について述べる．

|||||||||||||||||||||||||||| **第1部　現在までの流れ** ||||||||||||||||||||||||||||

第1節
感覚や情動のカテゴリとことば

　人間は，複雑で多様な感覚入力をカテゴリ化することで，効率的に記憶・操
作・伝達している．視覚であれば，色カテゴリの存在が，ある波長パタンの光
を1つの色として扱うことを可能にし，聴覚であれば，日本語50音の音カテ
ゴリが，ある範囲の音を50音のうちのどれかの語として扱うことを可能にし
ている．

　そして，これらの感覚カテゴリにはラベルがつけられている．先ほどの例で
いうならば，ある波長パタンから生じる視覚に関する一連の感覚を「あお」と
呼び，別の波長パタンから生じる一連の感覚を「みどり」と呼ぶことで，それ
らの感覚を別のものとして扱うことができる．また，ある周波数特性の音によっ

て生じる聴覚に関する感覚を「あ」と割り当て，別の周波数特性を持つ音によって生じる感覚を「い」と割り当てることで，それらを特定し組み合わせを考えることを可能にしている．これらの感覚カテゴリは，五感のうち特に視覚や聴覚において，色見本や50音のように，カテゴリ自体もしくはカテゴリ間の関係性について標準化，体系化が行われてきた．

しかしながら，人間の感覚のうち，触覚については，その日常生活や製品開発での重要性にもかかわらず，一部の機能に特化した範囲を除いて，明確な感覚カテゴリの標準や体系はこれまで示されてはこなかった．例えば，「風合い」（川端，1994）と呼ばれる布の触り心地に関する分野や，触感塗装と呼ばれる金属やプラスチック表面に細かい凹凸をほどこす表面加工や内装の分野（Wastiels et al., 2013），また，肌触りが重要な化粧品の分野（Nakatani et al., 2013）など，いくつかの特定の分野でその素材にあわせて研究が進められているが，触覚の感覚一般を対象にするものではなかった．そこで，本章の前半では，触知覚に関する形容詞を使った一般的な感覚カテゴリ，オノマトペを利用した感覚カテゴリ間の関係性の可視化の研究を紹介するとともに，それを利用した素材の触り心地に関するワークショップについて報告する．さらに，このような考え方は，複雑かつ連続的なものである私たちの心の様態を把握する上でも役立つ．私たちの心の様態は，感覚入力があったり，何かを想起することで時々刻々と変化する．それは時に，行動や表情，自律神経などの反応を変化させるも，必ずしも明確な形で意識化されるわけではない．そこで，身体感覚に根差したことばや体験を端的に表すことばの時系列を記録することで，時々刻々変化する心の様態を把握することができる．これらの事例は，感覚入力や心的な状態は複雑かつ連続的なものであるが，それには，ことばのラベルがつけられており，そのことばに着目することで，自身の認知や情動反応の特性を理解したり，他者との共有が可能になるということを示している．

第2節
形容詞による触覚のカテゴリ化

触覚の感覚分類の研究では，形容詞の評価語対を用い，それらの観点から点数づけし定量化する方法が多く用いられてきた．小松（2016）は，物体の材質や表面状態を推定する情報処理機能（「質感認知」）と，それに伴う情動反応に

基づく価値判断の情報処理機能（「感性的質感認知」）を分けて論じており，触覚の感覚分類を表現する形容詞においてもそのような区別が可能である．例えば，Sakamoto and Watanabe（2017）では，形容詞の評価語対を表 4.1 にある 26 対用意し，質感の基礎的な知覚に関するもの（basic tactile evaluation：基礎材質感評価），素材の印象およびその構成に関するもの（material-oriented evaluation：素材印象評価），感性的な評価に関するもの（affective evaluation：感性評価）の 3 つに分類している（表 4.1 の各行については後述）．

　例えば，「滑らか―粗い（smooth―rough）」「凹凸な―平らな（bumpy―flat）」「硬い―軟らかい（hard―soft）」「すべる―粘つく（slippery―sticky）」「温かい―冷たい（warm―cold）」「湿った―乾いた（wet―dry）」は，材質の基本的な質感に関する形容詞対である．触覚の質感認知における感覚カテゴリは，このような形容詞対を用意し，実験参加者に多様な触素材（布，紙，皮革，木，金属，ゴムなど）に触れてもらい，その観点から定量化する方法が行われてき

表 4.1　実験で使用した形容詞の評価語対（Sakamoto and Watanabe, 2017）

	Basic tactile evaluation	Material-oriented evaluation	Affective evaluation
1	slippery—sticky wet—dry	clean—dirty repulsive—non-repulsive	comfortable—uncomfortable good—bad pleasant—irritating relieved—uneasy familiar—unfamiliar ordinary—eccentric calm—intense impressive—unimpressive
2	hard—soft	elastic—non-elastic stretchy—non-stretchy strong—weak sharp—dull firm—fragile	
3	bumpy—flat smooth—rough	regular—irregular	
4		heavy—light thick—thin	luxury—cheap
5	warm—cold		
6			natural—artificial

た（semantic differential 法；意味微分法とも呼ばれ，SD 法と略される）．具体的には，+3 を「とても滑らか」，+2 を「滑らか」，+1 を「やや滑らか」，0 を「どちらでもない」，-1 を「やや粗い」，-2 を「粗い」，-3 を「とても粗い」のように点数を付与し，その結果を因子分析などによって，感覚の主たる分類軸を明らかにしてきた．その他にも，触素材間の類似度を点数づけし，多次元尺度構成法（multi-dimensional scaling 法；MDS 法）によって素材間の関係性を定量化して，SD 法の評価と対応づける研究なども行われてきた（Hollins et al., 1993）．

　しかしながら，これまでの研究では，異なる実験法，評価語，触素材を使用した実験が行われ，研究ごとに異なる結果が報告されることも多く，統一的な見解には至っていなかった．そこで近年，いくつかの研究の実験結果を総合した分析が行われ，材質の質感認知に関しては，「凹凸感」「粗さ感」「摩擦感」「硬軟感」「温冷感」の 5 つが基本的な感覚だと結論づけられている（永野ほか，2011；Okamoto et al., 2013）．ちなみに，「凹凸感」は，100 μm 程度以上の凸間距離を持つ形状に関する感覚で，指を動かさずとも皮膚の変形からある程度知覚可能である．「粗さ感」は，刺激の凸間距離が数～数十 μm 程度の対象を指でなぞることによって生じる感覚である．また，「摩擦感」は，弾性体である皮膚と接触対象が滑り合うときに生じる固着と滑りに関連する感覚である．「硬軟感」は，力をかけて対象を押し込むことによって生じる感覚である．「温冷感」は，皮膚と接触対象との熱エネルギー移動速度と関連する．

　先ほど述べた Sakamoto and Watanabe（2017）の実験では，30 人の実験参加者が 120 種の素材に対して，前述の質感認知，感性的質感認知に関する 26 の形容詞対の観点から得点づけを行っている．その結果を因子分析したものが表 4.1 の各行である．材質の「摩擦感」に関する形容詞対およびそれに関連する素材の印象，さらには感性評価の大部分が第一の要因となった．これは，触り心地では，摩擦感と感性評価が強く関連することを意味する．続いて「硬軟感」およびそれに関連する素材の印象の形容詞対が第二の要因，「粗さ感」および「凹凸感」といった素材表面に関する形容詞対が第三の要因となった．第四の要因は，素材の質量やボリューム，その価値に関する形容詞対となった．第五の要因は「温冷感」の形容詞対となった．また，第六の要因として「自然

感」に関する形容詞対が区別された．これらは，前述の，永野ら（2011）や
Okamoto et al.（2013）で議論された5つの基本的な感覚とも整合性があり，
かつ質感認知にとどまらない形容詞対の関係性を表した1つの事例といえる．

　ただし，よく考えると，このような実験で使用される形容詞は対で使われる
ことが多い．このことは，これらの形容詞対が「物差し」として，触覚の感覚
を分類する軸として考えられているということになる．この方法は，感覚を基
本的な要因に分解し解釈するのに適する一方で，複雑で多様な感覚を比較的少
数の語の組み合わせで表現しようとする点や，回答者自身の基準ではなく事前
に実験者が想定した基準（形容詞）によって評価がなされるという問題もあっ
た．また，これらの形容詞対は，視覚の例でいうと，明度（「明るい―暗い」）
や彩度（「鮮やか―くすんだ」）といった分類軸を表しており，「赤」「青」「緑」
といった感覚パタンのラベルにあたるものではないということができる．では，
触覚において感覚パタンのラベルに相当するものは，どのようなことばで表さ
れるのであろうか．

第3節
オノマトペによる触覚のことばの分布図

　日常使用する触り心地に関する言語表現には，形容詞だけでなく，例えば，
英語では「振動する（vibrating）」や「粘つく（sticky）」などの動詞からの派
生語や，「砂のような（sandy）」といった素材に関する直喩がある（Guest et
al., 2010）．また，日本語の場合は，それに加えて「つるつるの石」「すべすべ
の肌」「ふわふわの毛布」など，オノマトペを利用することも多い．オノマト
ペ（onomatopoeia）とは擬音語・擬態語の総称であり，柔軟な感覚伝達手段
として日常会話だけでなく，マンガや文学作品の中でもよく使用されている．
日本語の触覚のオノマトペは，他の言語，他の感覚に比べて語の数が多く（小
野，2007），日本語ではオノマトペ表現の方が形容詞よりも多く用いられると
いう報告（北村ほか，1998）もある．そのため，オノマトペを用いた触覚に関
する研究手法も多い．

　例えば，早川ら（2010a）は，触覚のオノマトペ1つ1つが，それぞれ別の
触覚の感覚カテゴリを表現すると考え，それらの関係性を表したオノマトペの
二次元分布図を作成している（図4.1）．このオノマトペ分布図は，触覚の感

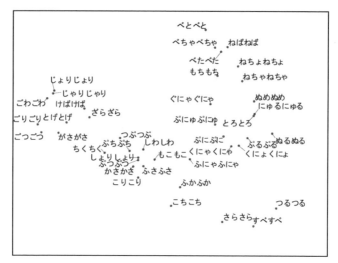

図 4.1 触覚の感覚に関するオノマトペの分布図（早川ほか，2010a）

覚を表すオノマトペ 42 語に対して，そのオノマトペのことば自体が持つ印象を，凹凸や粗さに関するイメージ，摩擦に関するイメージ，硬軟や粘性に関するイメージの観点から得点化してもらい，主成分分析によって二次元平面上に可視化したものである．そのため，近い触り心地を表すオノマトペは，分布図の中でも空間的に近く位置している．つまり，この分布図は，現在の日本語のオノマトペの語彙が，触り心地をどのようにカテゴリ化しているのか，それを空間的に表したものといえる．

オノマトペが空間的に配置されたことで，感覚イメージがどのようにカテゴリ化されているかを考えることができる．オノマトペの配置から U 字を斜めにしたような形で連続的に感覚カテゴリが存在していることが分かる．図の中心を原点としたとき，「ぐにゃぐにゃ」や「ねちょねちょ」という軟らかい感覚を表象する語が第 1 象限（右上）に集まっており，「ぬるぬる」や「にゅるにゅる」といった湿り気の感覚を表象する語があり，第 4 象限（右下）の「つるつる」や「すべすべ」といった滑らかな感覚を表象する語につながっている．さらに，「こちこち」や「こりこり」といった硬い感覚を表象する語，「がさがさ」や「かさかさ」という乾いた感覚を表象する語を通って，第 2 象限（左上）の「じゃりじゃり」や「じょりじょり」といった粗い感覚を表象する語につながっ

ている.

　また，この分布図上では，オノマトペの位置とそのオノマトペを構成する音韻の間に強い関係性を見出すことができる．一般に，音韻と概念表象との間には明確な関係づけの理由がないと考えられることが多いが，日本語のオノマトペは，それを構成する音韻とそれによって表される感覚イメージとの間に一定のルール（音象徴性：sound symbolism）があることが知られている（Hamano, 1998）（オノマトペと音象徴については第3章を参照）．例えば，触覚に限らず一般的には，オノマトペの第1モーラ（音の分節単位）にある "i" という母音は，何かが突き刺さる感覚イメージや直線に伸びた感覚イメージと関係づけられ，第1モーラにある "p" という子音は，張っている感覚イメージや破裂する感覚イメージと関係づけられるなど，音韻ごとに関係づけが存在する．触覚では，軟らかく湿った感覚イメージには "b" "n" "p"（第1象限のオノマトペ）が使用されることが多く，滑らかで硬い感覚イメージでは "s"（第4象限のオノマトペ），粗く，硬い，乾いた感覚イメージを表象するオノマトペは第1モーラの子音に "k" "g" "z"（第2象限のオノマトペ）が使用されることが多い．Sakamoto and Watanabe（2018）は，これら触覚の音象徴性を詳細に調べた．例えば，表4.2の1行目にあるように，「つ」という音韻が最初にある語（「つるつる」など）だと，快適で，平らで，滑らかで，硬く，すべり，乾いて，冷たい印象があるということになる．

　ここまで触覚の感覚カテゴリを考える上で，形容詞とオノマトペについて取り上げたが，次いで，感覚の評価実験を行う上での，ことばの役割や違いについて述べる．多くの実験では，「この粗さはどのくらいですか？」「この素材は前に触れた素材より粗いですか？」と，あらかじめ言語情報によって指示が与えられる．そのため，実験参加者は触れる前から特定の触り心地に対して注意を向けることになる．そして，「粗さ感」を問われて対象に触れるときには，対象表面をなぞる動作が多く観察され，「硬軟感」を問われて対象に触れるときには，対象を垂直方向に押す動きが観察されるであろう．つまり，実験者がどのようなことばを使って問うかによって，被験者の指や腕の動きにも変化が生じ，さらには，注意を向けやすい感覚にも変化が生じる可能性がある．また，どんな語彙体系を使用して触り心地を表現するかによっても注意を向ける触り

表 4.2 触覚の感覚を表すオノマトペにおける第一モーラの音象徴（Sakamoto and Watanabe, 2018 より抜粋）

	N	快不快	凹凸な平らな	粗い滑らか	硬い軟らかい	すべる粘つく	乾いた湿った	温かい冷たい
/ts/+/u/	149	0.92	−1.87	−1.70	1.34	1.89	1.01	−1.18
/s/+/u/	94	1.13	−1.67	−1.78		1.70		
/s/+/a/	130	0.68		−0.68		1.14	1.08	
/p/+/a/	22							
/p/+/o/	29							
/k/+/a/	52				1.23	0.98	1.77	
/Φ/+/u/	118	1.30			−1.73			0.91
/m/+/o/	32	1.19	1.06	1.00				1.00
/g/+/a/	50		1.40	1.28	0.84		1.00	
/dʒ/+/a/	24		1.38	1.38	0.96		1.33	
/b/+/o/	63	−0.56	1.95	1.27	0.87			
/dz/+/a/	195	−0.49	0.87	1.52	0.48		1.24	
/g/+/o/	52		1.33	0.92	1.27		1.10	
/tç/+/i/	23	−0.87	1.35	2.52			1.43	
/b/+/u/	27					−0.74	−1.00	
/g/+/u/	32		0.63		−1.44	−0.66	−1.06	
/p/+/u/	57	0.63		−0.98	−2.05		−1.49	
/ç/+/i/	18						−0.89	
/p/+/i/	22		−1.00				−1.91	−1.82
/b/+/e/	101	−1.41	−0.96		−1.50	−2.29	−1.35	
/n/+/e/	26	−1.19		−0.88	−1.73	−2.58	−1.81	
/p/+/e/	81	−0.41	−1.23	−0.64	−1.00	−1.49	−1.00	

心地が変化する場合がある．例えば，形容詞とオノマトペは，どちらも基本的な質感を表現する語彙を有しているが，触れた素材を形容詞で表現した場合は「硬軟感」に関する語彙を使用しやすく，オノマトペで表現した場合は「粗さ感」に関する語彙を使用しやすいという報告も存在する（坂本・渡邊，2013）．つまり，触覚の感覚を言語で表現する場合，どのような語彙体系を使用するかによっても，第一に注目される感覚が異なるのである．

第 4 節
触覚のことばによる素材の配置

次にオノマトペの分布図を利用した触素材の分類について述べる．オノマトペの分布図上に素材を配置すると，近い触り心地の素材が空間的に近く分布するため，その関係性を平面上で可視化することができる（早川ほか，2010a；Doizaki et al., 2017）．これを以後，「触相図」と呼ぶ．さらに，この配置され

た触素材に快不快の評価を行うことで，快不快（感性的質感）と質感の関係性を可視化することができる．渡邊ら（2014）の研究では，布，紙，金属などの50種の素材をその触り心地に基づき，前述のオノマトペ分布図上に定位し，同時にその快不快を＋3〜−3の7段階で評価した．素材の位置は，オノマトペに対応する位置だけでなく，オノマトペとオノマトペの間など，分布図上の任意の位置を回答可能とした．図4.2は，オノマトペ分布図上に50種の素材を配置したものである．バブル1つが素材1つに対応し，その位置は実験参加者30名が回答した位置の平均から算出した．また，バブルの面積は30名の快不快の平均の絶対値を表し，濃淡が薄く輪郭があるものが正の値（快），濃淡が濃く輪郭がないものが負の値（不快）を表している．A〜Hの記号は似た素材のグループで，そのグループの素材の快不快の値が近傍に記してある．グループAは両面テープ，グループBは細い小さな突起を持つ素材群，グループC

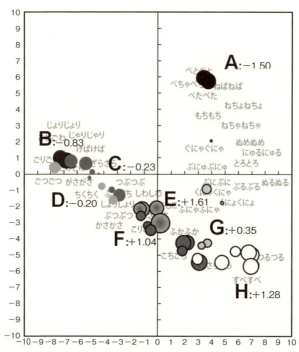

図4.2 オノマトペ分布図上に素材を配置した触相図（渡邊ほか，2014）

はサンドペーパなどの表面が粗い素材群，グループ D はダンボール（側面）などの粗い凹凸のある素材群，グループ E はシープボアなどの細い毛がある柔らかな素材群，グループ F は和紙などの表面に細かな触感のある素材群，グループ G はプレーンゴムなどの湿り気のある軟らかな素材群，グループ H はガラスタイルなどの表面に摩擦のない素材群である．

　触相図から，快の触素材は，右下の「すべすべ」した滑らかで硬いものから中央付近の「ふかふか」した柔らかいものまで連続して分布している．一方，不快な触素材は，左上の「ざらざら」した粗くて乾いたもの，もしくは，右上の「ねちょねちょ」した軟らかく，湿り気を伴うものの 2 つに分けられた．このことは，快の触り心地は比較的連続的に分布する一方，不快の触り心地は，粗く痛みを伴うような覚醒度の高い不快と，軟らかく湿り気を伴う覚醒度の低い不快に分けられると考えられる．このように触相図は，感性評価を質感と合わせて体系的に議論することを可能にしている．

コラム　触相図を作成するワークショップ

　筆者らは，このようなオノマトペ分布図の上に素材を配置し，触相図を作成するワークショップや展示を続けてきた．初めて行ったワークショップは 2010 年であった．NTT インターコミュニケーション・センター「キッズプログラム 2010「いったい何がきこえているんだろう」」展（2010 年 8 月 4 日〜9 月 5 日）の中で，2010 年 8 月 14, 15, 28, 29 日の 4 日間，「触り言葉で話してみよう」（早川智彦＋松井茂＋渡邊淳司）と題してワークショップを行った（早川ほか，2010b）．各日 2 回開催で計 8 回のワークショップを行った．各回，約 10 名に対し，90 分程度のワークショップであった．

　このワークショップでは，参加者が様々な素材の触り心地に触れ，それらを分類し，また，オノマトペを声に出して遊びながら，普段は意識しない，触るという感覚自体およびその言葉の響きの感覚を発見することを目的とした．10 の素材をオノマトペ分布図上に配置し，その中から，好きな触り心地と嫌いな触り心地をそれぞれ 1 つずつ選び，図 4.3（左）のように，ひとりずつ嫌いな触素材から好きな触素材へ向けた矢印をマップ上に記入してもらい，それらの傾向を参加者同士比較した．その矢印の方向と，マップ上の軸の方向との関係性から，自身の好き嫌いの傾向を見ることができた．また，ワークショップと同

時に，展示エリアにてワークショップの体験デモ装置を設置した．図4.3（右）のような，円形のオノマトペの二次元分布図上に，多数の触対象が置かれたテーブルを設置し，来場者が自由に触り心地やオノマトペと触れ合える空間を構成した．

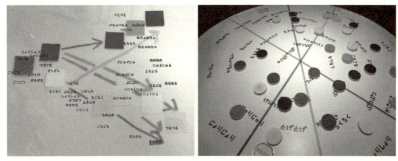

図4.3 キッズプログラム2010「いったい何がきこえているんだろう」展でのワークショップの結果と展示の様子

第2部　今後の展望

第5節　ことばと情動

ここまで，複雑で多様な感覚を，オノマトペという感覚のラベルを利用して二次元空間上に可視化する方法論について述べてきた．この方法は感覚間の関係が直感的に把握可能であるという特徴があった．このような特徴は，人間の情動の時系列変化や，複雑な体験を評価する上でも利用することができるであろう．以下，2つの取り組みを紹介する．

はじめに，個人の情動変化を計測する方法について述べる．人の情動には身体的な反応と主観的な認知という側面があるが，これまで，日常生活の中で刻々と変化する情動の主観的な認知をモニタリングするための研究手法の1つとして「経験サンプリング」がある．一日に数回，あらかじめ用意された心の様態を表す形容詞群に対して点数を付与するという方法である．例えば，「悲しい：2点」「嬉しい：5点」などである．しかし，この方法はユーザ以外の実験者が

あらかじめ用意した尺度をもとに評価しなくてはいけないため，しっくりくる表現が少ない，直感的に回答することが難しいなどの問題があった．

渡邊・村田（2020）では，「わーい」や「がーん」など，身体性を伴いつつ直感的な表現である感嘆詞やオノマトペといったことば（以下，感性表現語と記す）を活用し，40 語程度の感性表現語の中から自身の心の様態と合致する語を選択するというやり方で，そのときの心の様態を記録する方法（「オノマトペ情動ログ」）を考案した．図 4.4 にログの時系列の例を示す．感性表現語を用いることで，多くのバリエーションからしっくりくる心身の状態を直感的に選ぶことができる（Murata et al., 2024）．また，この手法では，ログと同時に心の調子を聞くことでその上下と感性表現語の関係を知ることができる．また，一日の最後に心の状態の変遷が可視化されるとともに，その日の充足度（例えば，その日が満たされた一日だったと感じるか？）を聞くことで，心の様態の変遷と充足度の関係をユーザ自身が観察することができる．

これまでの予備調査（16 名×4 週間の調査）では，充足度の高い日は，瞬間的な喜びである「よっしゃあ」よりも，未来への期待「うきうき」や，持続的

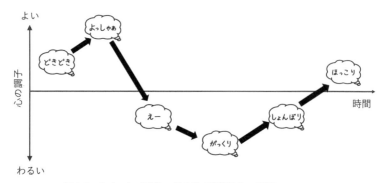

図 4.4　オノマトペ情動ログの例（渡邊ほか，2022）

なポジティブ状態「いきいき」「にこにこ」が多く記録されることなどが確認された．また，分析の中で，「ほっこり」としたおだやかな日がよい日だと感じる人もいれば，「はらはら」するような変化の激しい日がよい日だと感じる人もいて，ユーザごとに心の様態の変遷と「よい日」（充足度）の関係は一様ではないことが見出された．つまり，「オノマトペ情動ログ」は，身体感覚に寄り添った方法で心の状態を入力可能であるとともに，その履歴全体を可視化し，その感性表現語の出現パタンから自身にとって満たされた日がどのようなものであるかを読み取ることを促すのである．

　また，このような「オノマトペ情動ログ」は他者と共有することもできる．村田ら（2023a）では，リモートワークを中心とした実際のチームを対象に，遠隔で感情を共有することの効果を検討した．その結果，チームで感情ログを共有することで，他のメンバーのログから影響を受けて心の状態が変化することが示された．ただし，ログ共有の効果には個人差があり，行動をするときの自己観として「われわれ」という意識が高い（低い）人ほど，ログ共有条件で心身の状態がよ（悪）かった．この自己観に関する意識は，Self-as-We共同行為得点(Murata et al., 2022)という尺度によって測定している．このことから，チームでオノマトペ情動ログを共有することは，チーム全体を「われわれ」として捉える人にとってはポジティブに働くが，そう捉えない人にとってはネガティブに働く可能性もあることが示唆された．

　新型コロナウイルス感染症の蔓延により，オンラインコミュニケーションによる共同作業が多くの時間を占めるようになった．このような状況でリモートワークの需要が高まる中，遠隔での職場のメンバー同士のつながりや円滑なコミュニケーションの支援が求められている．オンラインコミュニケーションの支援として，遠隔情動共有を用いる場合，参加者自身がチームと自分の関係をどう捉えているかを考慮する必要がある．また，このような情動共有に対し，「メンバーの心境を気にするきっかけになった」「チームサポートを雑談レベルでも行うようになった」「気にかけてコミュニケーションしてもらえるのは嬉しい」といったチーム内の共感的コミュニケーションにつながったことを示唆する意見があったのに対し，「パーソナルなものというイメージで，見るのに少し抵抗があった」「自分が不調であることを他の人に開示することも，気まず

いなと感じた」などの意見もあった．

第6節 ことばと体験評価

次に，ある程度の時間の間に，様々な心の様態の変化が起こる複雑な体験について振り返る方法について紹介する．前述の「オノマトペ情動ログ」は，その都度の瞬間的な心の状態をシンプルに記録・評価するものであるが，エンタテインメントや芸術体験において抱く心象はより複雑な様相を持つ．解放感のような瞬間的な感覚だけでなく，信頼感といった持続する感覚体験もある．また，緊張感や安心感のような分かりやすい感覚だけでなく，虚無感や調和感など抽象度が高い感覚も抱く．そこで，村田ら（2023b）は，このような複雑な感覚体験の評価を行うため，「物事に接したときに生じる心の動き」を表す「○○感」という複合語に着目し，特に「心理感情」を意味する「○○感」の語群を感情価（ポジティブーネガティブ）と覚醒度（低覚醒ー高覚醒）を直交軸とする二次元上に配置し，体験の印象やその心理的変遷を振り返る「感マップ」という方法を考案した．「○○感」には「身体感覚」「心理感情」「印象」を表す語があるが（曾，2017），本研究は体験評価を目的とするため，主に「心理感情」を表す語を使用した．

図4.5に実際の体験評価に「感マップ」を使用した例を示す．ある体験で生じた様々な「○○感」を，事後的に時系列で描写することになる．自身の「感マップ」を振り返って見ることで，心の様々な動きによって自身の体験が構成されていることを発見することができるであろう．「感マップ」では，自らの心で体験をプレイバックし，そこで生じた感覚を様々な「感」から能動的に選択している．実際に，「自分に起きた出来事を客観的にとらえることができて，とても良かった」などの感想があった．また，映画や本の感想だけでなく，日記として使用すること，感情の変遷を他者と共有したり，ポジティブでもネガティブでも，いくつかの体験の「感マップ」を作成することで，自分にとって「よい（わるい）体験」がどのような「感」をどのような時系列でたどるのかを自ら発見できるようになるであろう．

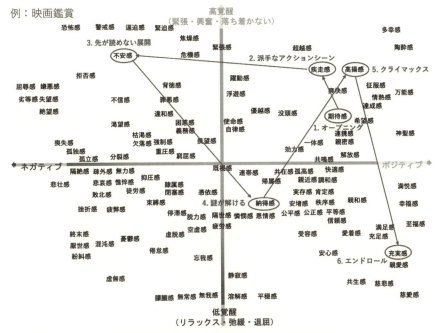

図 4.5 映画鑑賞の体験を感マップ上で示した例

第7節
ことばとウェルビーイング

　オノマトペ情動ログや感マップは，心的状態の変遷を可視化することができる．さらに，これらの時系列パタンに対して，その日の充足度や体験全体の印象といった包括的評価を対応づけることで，それぞれの人にとって「よい日」や「よい体験」となる心的状態のパタンを知ることができる．例えば，心的状態の覚醒度が一日に何度も上がったり下がったり激しく変化するパタンを「よい日」だと捉える人もいれば，心的状態が変化しない平穏な日を「よい日」だとする人もいる．このような，自身にとっての「よく生きるあり方，よい状態」（ウェルビーイング）に関する価値観を知ることができれば，それぞれの人が自分自身の生き方を主体的に調整したり，周囲の人々とそれぞれの価値観を認め合い，対話することができるだろう．
　そもそも，私たちが生きる現代社会は，やり方が決まっていない問題，因果

が複雑に絡み合った問題で溢れており，このような問題に対しては，多様な他者と知恵やスキルを接合し解決に取り組むことが必須である．そのときに必要となるのが，自身を理解し，他者を尊重しつつ協働することである（渡邊・チェン，2020）．そのための資質として，自身の心的状態や価値観を，ことばを通して可視化・構造化し，他者と対話する力が必要になるのである．

渡邊ら（2021），渡邊・日本電信電話（2024）は，自身や周囲の人々のウェルビーイングの要因に意識を向け，それを言語化し，対話を促すツールとして「わたしたちのウェルビーイングカード」（図4.6）の研究に取り組んでいる．このカードには，ウェルビーイングの要因となるキーワードが1つずつ記載され，それらは"I（わたし）""WE（わたしたち）""SOCIETY（みんな）""UNIVERSE（あらゆるもの）"の4つのカテゴリに分けられている．例えば，「熱中・没頭」や「挑戦」などの要因は"I"のカテゴリ，「関係づくり」や「感謝」は"WE"のカテゴリ，「多様性」や「社会貢献」は"SOCIETY"のカテゴリ，「自然とのつながり」や「平和」は"UNIVERSE"のカテゴリである．

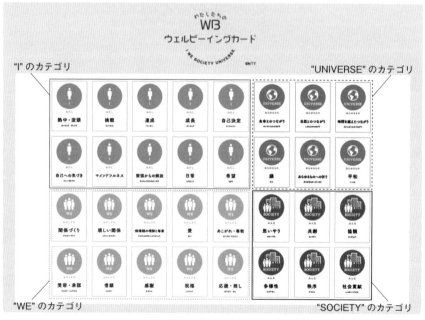

図4.6 わたしたちのウェルビーイングカード（渡邊ほか，2021）

自身のウェルビーイングの要因について，いきなり聞かれても言葉にするのは難しいが，これらのカードの中から選択することで，それぞれの人のウェルビーイングに関するエピソードが引き出されていく．目の前に示されたことばが，その人の記憶の中にある物語を引き出す助けとなっているのである．また，それを知ることで周囲の人々の行動の背景にある価値観に気がつく．このカードは，自身や周りの人がどんな価値観を持っているのかに気づくことを促進し，その背景にあるエピソードを共有するツールとして利用できるであろう（横山ほか，2024）．実際，これまで，働く場での新人研修やチームビルディング（日本電信電話・パーソルホールディングス，2023），中学生の道徳の授業（日本電信電話，2023）などでこのカードを活用してきた．

ここまで述べてきたように，感覚や情動，さらには価値観といったものは，常に意識化されているわけではない．それらの変遷や構造を，身体性のあることば（オノマトペ）やことばの書かれた実際に触れられる対象（カードなど）を媒介にして顕在化させることで，自身や他者の中にあるそれらの存在を実感することができる．そして，それらが自身に存在すること，どのような状態・構造にあるかを知ることは，自身を「よく生きるあり方，よい状態」に向けた行動へ動機づけるのではないだろうか．

推薦図書

第2〜5節で取り上げた触知覚とことばについては，『情報を生み出す触覚の知性 増補版—情報社会をいきるための感覚のリテラシー』（渡邊，2024），『岩波講座 コミュニケーションの認知科学1 言語と身体性』（今井・佐治，2014）を参照のこと．また，触覚についてより深く知りたい人には『触れることの科学—なぜ感じるのか どう感じるのか』（リンデン（著），岩坂（訳），2016）がある．また，第6〜7節で取り上げた情動については，『情動と意思決定—感情と理性の統合』（情動学シリーズ4）（渡邊・船橋，2015）から詳しい情報が得られる．また，情動や人と人のつながり，よく生きるあり方（ウェルビーイング）については，『わたしたちのウェルビーイングをつくりあうために—その思想，実践，技術』（渡邊・チェン，2020），『ウェルビーイングのつくりかた—「わたし」と「わたしたち」をつなぐデザインガイド』（渡邊・チェン，2023），『情動の哲学入門—価値・道徳・生きる意味』（信原，2017）などに論考がある．

文 献

Doizaki, R. et al. (2017) Automatic estimation of multidimensional ratings from a single sound-symbolic word and word-based visualization of tactile perceptual space. *IEEE Transactions on Haptics* **10**(2): 173-182.

Guest, S. et al. (2010) The development and validation of sensory and emotional scales of touch perception. *Attention, Perception, & Psychophysics* **73**(2): 531-550.

Hamano, S. (1998) *The Sound-Symbolic System of Japanese (Studies in Japanese Linguistics)*, The Center for the Study of Language and Information Publications.

早川智彦ほか（2010a）「オノマトペを利用した触り心地の分類手法」『日本バーチャルリアリティ学会論文誌』**15**(3)：487-490.

早川智彦ほか（2010b）ワークショップ「触り言葉で話してみよう」http://junji.org/texture/index.html（最終アクセス日：2023/5/22）

Hollins, M. et al. (1993) Perceptual dimensions of tactile surface texture: A multidimensional scaling analysis. *Perception & Psychophysics* **54**(6): 697-705.

今井むつみ・佐治伸郎（編）(2014)『岩波講座 コミュニケーションの認知科学1 言語と身体性』岩波書店.

川端季雄（1994）「布風合いの客観評価システム」『シミュレーション』**13**：20-24.

北村薫子ほか（1998）「質感の評価尺度の抽出および単純なテクスチャーを用いた質感の定量的検討」『日本建築学会計画系論文集』**511**：69-74.

小松英彦（編）(2016)『質感の科学―知覚・認知メカニズムと分析・表現の技術』朝倉書店.

リンデン，デイヴィッド J.（著），岩坂 彰（訳）(2016)『触れることの科学―なぜ感じるのか どう感じるのか』河出書房新社.

Murata, A. et al. (2022) Measuring individual differences of Self-as-We: Reliability and validity of revised version of the Self-as-We scale. *Prospectus* (of the Department of Philosophy, Kyoto University) **21**: 17-29.

村田藍子ほか(2023a)「感性表現語を用いた感情ログの遠隔共有―withコロナのリモートワークにおける検討」『日本バーチャルリアリティ学会論文誌』**28**(1)：31-34.

村田藍子ほか（2023b）「体験の心理的変遷を回顧的に振り返り可視化するための"感マップ"の生成」『情報処理学会論文誌』**64**(2)：284-288.

Murata, A. et al. (2024) Embodied emotional expressions for intuitive experience sampling methods: A demographic investigation with Japanese speakers. *International Journal of Wellbeing* **14**(1): 1-17.

永野 光ほか（2011）「触覚的テクスチャの材質感次元構成に関する研究動向」『日本バーチャルリアリティ学会誌』**16**(3)：343-353.

Nakatani, M. et al. (2013) Relationship between perceived softness of bilayered skin models and their mechanical properties measured with a dual-sensor probe. *International Journal of Cosmetic Science* **35**(1): 84-88.

日本電信電話（2023）「子どもたちにとってのウェルビーイング」『ふるえ』**44**.
http://furue.ilab.ntt.co.jp/book/202301/contents1.html（最終アクセス日：2023/5/22）

日本電信電話・パーソルホールディングス（2023）「NTTとパーソルが身体性コミュニケーション技術を活用した"はたらくWell-being"に関する共同実験を開始―コミュニケーションと人材の視点からハイブリッドワーク時代のWell-being実現に貢献」ニュースリ

リース（2023 年 11 月 2 日）.

https://group.ntt/jp/newsrelease/2023/11/02/231102a.html（最終アクセス日：2023/5/22）

信原幸弘（2017）『情動の哲学入門―価値・道徳・生きる意味』勁草書房.

Okamoto, S. et al. (2013) Psychophysical dimensions of tactile perception of textures. *IEEE Transactions on Haptics* **6**(1): 81-93.

小野正弘（2007）『擬音語・擬態語 4500 日本語オノマトペ辞典』小学館.

坂本真樹・渡邊淳司（2013）「手触りの質を表すオノマトペの有効性―感性語との比較を通して」『認知言語学会論文集』**13**：473-485.

Sakamoto, M. and Watanabe, J. (2017) Exploring tactile perceptual dimensions using materials associated with sensory vocabulary. *Frontiers in Psychology* **8**: 569.

Sakamoto, M. and Watanabe, J. (2018) Bouba/Kiki in touch: Associations between tactile perceptual qualities and Japanese phonemes. *Frontiers in Psychology* **9**: 295.

Wastiels, L. et al. (2013) Touching materials visually: About the dominance of vision in building material assessment. *International Journal of Design* **7**(2): 31-41.

渡邊淳司（2024）『情報を生み出す触覚の知性 増補版―情報社会をいきるための感覚のリテラシー』化学同人.

渡邊淳司（監修），日本電信電話株式会社（編集）(2024)『わたしたちのウェルビーイングカード―働く，学ぶ，暮らす場で，楽しくチームが生まれてしまう?!』NTT 出版.

渡邊淳司・チェン，ドミニク（監修・編著），安藤英由樹ほか（編著）(2020)『わたしたちのウェルビーイングをつくりあうために―その思想，実践，技術』ビー・エヌ・エヌ.

渡邊淳司・チェン，ドミニク（2023）『ウェルビーイングのつくりかた―「わたし」と「わたしたち」をつなぐデザインガイド』ビー・エヌ・エヌ.

渡邊淳司・村田藍子（2020）「ポジティブ・コンピューティングを自分事とするために―ウェルビーイングへの身体性からのアプローチ」『感性工学』**18**(2)：63-67.

渡邊淳司ほか（2014）「オノマトペ分布図を利用した触素材感性評価傾向の可視化」『日本感性工学会論文誌』**13**(2)：353-359.

渡邊淳司ほか（2021）「わたしたちのウェルビーイングカード」

https://socialwellbeing.ilab.ntt.co.jp/tool_measure_wellbeingcard.html（最終アクセス日：2023/5/22）

渡邊淳司ほか（2022）「情報技術とウェルビーイング―アジャイルアプローチの意義とウェルビーイングを問いかける計測手法」『情報の科学と技術』**72**(9)：331-337.

渡邊正孝・船橋新太郎（編）(2015)『情動と意思決定―感情と理性の統合』（情動学シリーズ 4）朝倉書店.

横山実紀ほか（2024）「ウェルビーイング価値観を可視化・共有するツールの活用事例 1」「情報処理学会 インタラクション 2024」2A-09.

曾　叡（2017）「語構成から文構成へ―形態素「-感」と自立語「感」との関わりから」『国語学研究』**56**：142-155.

第5章

大槻美佳

ことばと脳

◆キーワード

神経心理学，認知神経心理学，認知機能，二重解離，カテゴリ特異性，モダリティ特異性，意味カテゴリ，二重経路，機能画像，機能変動

　　ことばを司る脳神経基盤と，認知機能の視点から見たことばの神経心理学的知見を概観する．ことばと脳の関係は，19世紀半ばから神経心理学の分野で探究されてきた．その後，脳の状態を知る画像技術の進歩が臨床知見と相補い合って，新しい視点を提示してきた．脳損傷における障害のパタンは，言語システムにどのような壊れ方があり得，どのような壊れ方があり得ないのかの情報を提供し，このことから言語の構造が推測されてきた．また，機能画像は，ある課題を課した場合に，脳のどの部位が活動するかを明らかにできるため，その手法を用いて，多くの臨床知見が検証された．本章では，言語機能の解明に示唆を与えてきた，神経心理学の知見，機能画像の知見を紹介し，それらの関わり合いを含め，概説し，現在の地点を明らかにする．

|||||||||||||||||||||||||| 第1部　現在までの流れ ||||||||||||||||||||||||||

第1節
脳機能から見たことばの特性

　「ことば」には様々な意義が含まれる．1つは，コミュニケーションの手段としての側面で，コミュニケーションの相手に対しての表出と，相手からの情報の受容がある．表出には，音声を実際に発する発語（speech）と，文字で表現する書字（writing）の方法がある．受容には，音声を聞き取る聴覚的受容（auditory reception）と，文字を読む読字（reading）の方法がある．もう1つは，思考の道具としての意義である．思い浮かぶこと（概念，イメージ）を，単語や文に置き換え，またそれをもとに，概念，イメージを付加・展開していく機能，あるいは受容された情報から概念やイメージを構築する機能である．日本では，狭義には，内言語と称されることもある．この内言語には，語彙的な要素（lexicon）と，文に関わる統語あるいは文法（grammar）の要素がある．

さらに，語彙にも，音（音素／音韻などと総称される）と意味（概念）の要素
がある．また，これら内言語と，コミュニケーションの手段として，外界への
表出や受容との間を取り持つ機能も不可欠である[1]．

したがって，「ことば」を考えるにあたり，少なくとも3つの視点で整理す
る必要がある．1つには，表出と受容といった外界（相手）との関係を結ぶこ
とば，2つ目には，思考・概念に与する内言語，そして，ことばの機能を運用
する土台の機能である．本章では，1つ目と2つ目の側面を「言語」，3つ目の
側面を「言語を支える機能」と総称する．

第2節
脳の特性

言語は脳が司っているため，「脳」の生物学的特性を抜きにして，そのメカ
ニズムを考えることは難しい．脳に関する知見は，特に今世紀に入り飛躍的に
増えた．最初の変革点は，画像技術の進歩である．画像技術の発展は，1980
年代に導入されたコンピュータ断層撮影（computed tomography: CT）や核磁
気共鳴画像法（magnetic resonance imaging: MRI）に始まる．これらは，脳
の構造を見る方法で，構造画像と称されている．構造画像によって，脳損傷を
リアルタイムで知ることができるため，どの部位の損傷で，どのような言語症
状，すなわち，言語のどのような障害があり得るのかの知見をもたらした（図
5.1）．

その後，画像技術の発展は，脳血流の増加・低下の部位や電気的な活動部位
を可視化することにも成功した．これらの方法は，「構造」画像と区別して，「機
能」画像と称されている．この方法は，当初は，脳血流シンチグラフィー
（scintigraphy）のように，定常状態の脳血流の分布を見る方法がまず登場し
たが，後に，特定の課題を行っているとき，例えば，言葉を想起したり，理解
したりしているときに，脳のどの部位が活動するのかを知る方法も開発された．
機能画像には，MRIなどのような構造画像の撮影と同じ機器を用いてできる
fMRI（functional MRI），放射性同位元素を投与して血流や代謝の変化を検出

---

1) 手話言語については第4巻第6章と第8章を参照．また手話失語についてはPoizner et al.（1987）
などを参照．

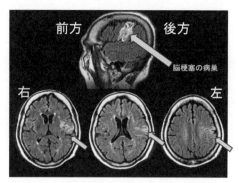

図 5.1 MRI 画像（FLAIR）

する陽電子放出断層撮影法（positron emission tomography: PET），脳の活動を脳表の磁場の変化として検出する脳磁図（magnetoencephalography: MEG），光を用いて脳血流部位を検出する近赤外分光法（near infra-red spectroscopic topography: NIRS），電気生理学的に電位変化（つまり，脳の活動変化）を検出する事象関連電位（event-related potential: ERP）などがある．これらの方法により，これまで臨床的な知見，すなわち，どの脳部位が損傷すると，どのような言語症状が出現するかという知見の裏づけがなされてきた．

さらに，基礎脳科学分野では，光遺伝学（optogenetics）の方法により，細胞レベルで神経活動が制御できるようになり，それによって，例えば，記憶などの高次の脳機能の仕組みが明らかになってきた（大川・井ノ口，2015；Ohkawa et al., 2015）．

これらの様々な方法が発展してきたことによって，言語と脳の関係が明らかになってきた．複数の視点があることで，相乗的に多くの知見が得られたといえる．例えば，構造画像の進歩と，脳損傷者における言語障害のパタンの知見は，言語機能と脳部位の関係を明らかにしたが，言語機能をどう考えるかの視点は，機能画像の発展により，言語を要素的に見る視点の援用が有用であることを基盤にしている．逆に，機能画像で知見を得るには，脳機能計測時にどのようなタスクを課すかが重要であるが，これは，臨床的な言語障害のパタンから演繹された言語機能に関する仮説がもとになっている．あるいは，記憶の仕組みについての，細胞レベルの知見から，言語の仕組みを考えるための手がか

りが見つかる場合もある．すなわち，様々な方法は，互いに相補い合って，言語の仕組みを解明してきたといえる．

第3節
認知機能と脳の関係：神経心理学の誕生と基本原理

　認知機能と脳の関係については，神経生理学の分野で，霊長類を含む動物を対象にした実験において，多くの知見が得られてきた．神経生理学の方法は，大きく分けて，破壊実験と電気生理実験の2種類がある．破壊実験とは，サルなどの脳の特定の部位を破壊し，破壊後の認知行動の変化を検討し，破壊した部位とその認知行動の関係を考察する方法である．電気生理実験は，脳の特定の部位に電極を挿入し，サルなどが特定の課題・行動を行っているときに，どの部位の電気活動が得られるかを検討することで，認知行動と脳部位の関係を明らかにする方法である．これらの方法は，実験系としてコントロールでき，かつ，再現性を検討することもできるため，科学的エビデンスを得られる重要な方法として発展した．

　言語との関係で示唆を与える知見の1つに，前頭葉内側面の機能がある．サルの実験では，運動をするときに，運動の開始前の準備の段階で前頭葉内側面の電気活動が始まっていることが知られており，これは動作・行為を意図して開始する機能に関わっていると推測されてきた．ヒトにおける臨床的知見では，左前頭葉内側面に損傷があると，言語を自発的に想起して言うことに問題が生じることが知られている．これは，言語発動自体が，「行為」の一環であり，その視点から見ると，サルにおける知見，すなわち，前頭葉内側面は，動作・行為を意図して開始する機能に関係するという知見と一致すると考えられている（大槻ほか，1998a）．

　神経生理学は，脳機能に関して重要な知見を提供してきたが，ヒトを対象に破壊実験や脳内への電極挿入はできないので，言語や意味／概念などの高度の認知機能に関しては，別の方法が必要である．ヒトを対象にした認知機能と脳の関係を探究する分野は「神経心理学（neuropsychology）」と称されている．神経心理学には大きく2つの方法がある．1つは，脳損傷患者の認知機能障害を検討し，損傷部位と認知機能障害の関係を明らかにする方法である．これは「脳」が中心となる視点からの方法である．もう1つは，脳損傷者の認知機能

障害のパタンから，認知機能の構造・メカニズムを演繹する方法である．すなわち，どのような壊れ方があって，どのような壊れ方がないのかを検討し，認知機能のメカニズムを推測する方法である．いわば，「認知機能」が中心となる視点からの方法である．このような方法は，認知心理学で用いられているようなメカニズムの仮説構築を基盤にしており，神経心理学の方法とあわせて，認知神経心理学と称されることもある．

　神経心理学の知見は，基本的に「二重解離」（Teuber, 1955）の原理によって解釈される．二重解離の原理とは，2つの現象（あるいは障害）が，独立したシステム（あるいは病巣）によると解釈するための原理である．例えば，Aという部位の損傷でaの障害が出現したとする．この1つの事実のみからは，Aという部位が，aの障害に関係するとは即断できない．なぜならば，A以外の部位の損傷でも，どこかに損傷がありさえすればaの障害が出現する可能性を否定できないからである．ここで，Aの部位に損傷はあるがBの部位に損傷がない患者で，aの障害が出現し，加えて，Bの部位に損傷はあるがAの部位に損傷のない患者では，aの障害は出現せず，bの障害が出現したとする．この2つの事実があれば，Aはaに，Bはbに関係する可能性が高いと推測される．このように，2つの事象が解離して出現することを手がかりにして，機能単位と関連病巣を考える視点が二重解離の原理である．

第4節
言語と脳の関係

(a) 言語の機能局在：臨床研究からの知見と様々な視点の変遷

　脳のどこかに損傷が生じると，ことばに不具合が生じる．その不具合には様々なパタンがあり，そのパタンは脳のどこに損傷があるのかによって異なる．このことは，少なくとも，脳がことばの機能を担っていること，そして，その機能は部位によって役割分担がなされていることを示している．脳が，部位によって役割分担をしていることは機能局在と称されている．

　この言語の機能局在についての知見は，19世紀半ばからのブローカ（Pierre Paul Broca）の報告（Broca, 1861）などに代表される様々な臨床的な報告によって裏づけられてきた．ブローカは，あるときから，「タンタン……」としか言えなくなってしまった患者を報告した．その患者は，何をきいても，タンタン

という音しか発せず，周囲とコミュニケーションがとれずにいた．周囲の者は，その患者は何も分からない人と解釈していた．しかし，ブローカは，その患者の問題は，言葉を発することだけに特化したもので，その他の彼の認知機能には問題がないことに気づいていた．そこで，ブローカは，その患者が亡くなった後に，脳を調べ，特定の部位に損傷があることを見つけた．ブローカは，その後，「しゃべれなくなった患者」の脳を調べ，すべての患者で，左第三前頭回という部位に共通して損傷があることを見出し，この左第三前頭回（下前頭回）が，「話すこと」に関係していることを発表した．以後，脳の特定の部位の損傷で，言語機能の中の，特定の要素が障害され得るという視点，すなわち「機能局在論」が注目されるようになった．脳の機能局在論は，「特定の要素的機能が特定の部位で担われている」という視点から始まったが，その後，それらの要素的機能が，連合して働き，様々な高度な認知機能に関与しているという考え方に発展した．この考え方は「連合主義」と称されている（Basso, 2003）．これは，今日の脳内のネットワーク仮説につながる．実は，ブローカの報告，すなわち「左下前頭回」が話すことに関係するという仮説は，その後の画像診断の発達で，病巣部位が訂正され，今日「左中心前回中～下部」としてコンセンサスが得られているが（大槻，2005；Itabashi et al., 2016），言語の障害を，要素的症候に分けて考えるというブローカの視点は慧眼であり，今日の脳と言語の関係についての考え方の礎になった．

　このようなブローカの報告から，失語を見る視点は様々に変遷してきた．それは，2つの対立軸で整理される．1つ目は，古来，局在論 vs 全体論と称されている対立軸，2つ目は，実証・経験重視の視点 vs 理論・仮説重視の視点の相違の軸である（図5.2）．

　発話の機能が脳の中で特定の部位に局在し得るというブローカの見解は，実証・経験から得られたもので，局在論的立場を支持する代表的な見解であり，図5.2の第2象限(左上)に位置づけられる．この考え方は，ウェルニッケ(Karl Wernicke)の研究（Wernicke, 1874）へ引き継がれ，さらにリヒトハイム(Ludwig Lichtheim)の仮説（Lichtheim, 1885）へとつながっていく．リヒトハイムは失語症の障害機序に1つの仮説を提起するに至った．これは，第2象限（左上）から第1象限（右上）へ発展したという例である．これらの考え方

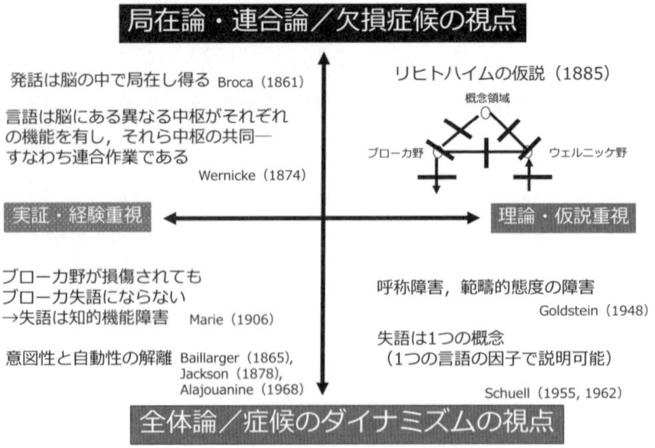

局在論・連合論／欠損症候の視点

発話は脳の中で局在し得る Broca (1861)

言語は脳にある異なる中枢がそれぞれ
の機能を有し, それら中枢の共同—
すなわち連合作業である
　　　　　　　　　　　Wernicke (1874)

リヒトハイムの仮説 (1885)

概念領域

ブローカ野　　　　　　　ウェルニッケ野

実証・経験重視 ←――――――――→ **理論・仮説重視**

ブローカ野が損傷されても
ブローカ失語にならない
→失語は知的機能障害　Marie (1906)

意図性と自動性の解離 Baillarger (1865),
　　　　　　　　　　 Jackson (1878),
　　　　　　　　　　 Alajouanine (1968)

呼称障害, 範疇的態度の障害
　　　　　　　　　　　Goldstein (1948)

失語は1つの概念
(1つの言語の因子で説明可能)
　　　　　　　　　Schuell (1955, 1962)

全体論／症候のダイナミズムの視点

図5.2　失語症を見る視点の変遷

に共通するのは, ある特定の部位の損傷によって, 特定の機能が欠損するとい
う「損傷＝欠損症候」の視点である. この欠損症候の視点は, 論理的にシンプ
ルで分かりやすく, この視点で, 脳損傷と症状の関係をうまく説明できること
は多い. しかし, これではどうしても説明できない事項があるのも事実であっ
た. そのため, ブローカの時代とほぼ同時期から近年に至るまで, 局在・連合
論者に対しての批判的視点も少なくなかった. 代表的なものは, 意図性と自動
性の解離 (Alajouanine, 1960) などと表現されている現象である. 失語患者の
反応は, ～ができる, ～ができないと単純にある機能が失われたという欠損機
能の視点のみでは説明できない部分がある. 例えば, ある患者では, 単語が出
てこないという症状が顕著で, 目の前に「眼鏡」を提示して, これは何ですか？
ときいても, 「ええと, あれ, なんていったかな, こうやってかける (と眼鏡
をかける動作をする)」などと言い, それが何か分かっているのに, 単語が想
起できない様子が見てとれる. これは, 十分に時間をとってもやはり出てこな
いのだが, ふと, 後ろにいる家族の方を見て, 「いやだぁ, 私, こんな眼鏡な
んて言葉もでなくなったのね」などと言えたりするのである. このような現象
をどう考えるかはまだ明らかではないが, 言語の特性・仕組みを考える上で,
看過できない現象である. また, 名称が喚起できないのは, 範疇的態度の障害
とした Goldstein (1948) の仮説や, 失語は1つの概念と説明した Schuell et

al. (1962) など，様々な視点がある．これらは，局在論・連合論／欠損症候の視点とは別の，全体論／症候のダイナミズムの視点として，言語の特性・仕組みと脳の関係を見る上で重要な視点として位置づけられる．

これらの2つの軸による視点，「局在論・連合論／欠損症候の視点」と「全体論／症候のダイナミズムの視点」は，いずれが正しいかという二者択一ではなく，両者を説明できる視点が今後，必要となると考えられる．なぜならば，実際の臨床において，前者の視点でよく説明できる事象もあれば，後者の視点でよく説明できる事象も両者あるからである．

(b) 言語と脳の関係：脳損傷・疾患からの知見

臨床研究の知見から，要素的な言語症候と関連部位について，図5.3に示した機能局在が明らかになっている（大槻，2007a，2007b）．これらの知見は，損傷部位が限局していて，その部位が明確である脳血管障害患者の症候として検討されてきたが，これらの多くは，後述する機能画像の方法で検証されており，要素的言語症候−病巣の対応は，要素的言語機能−その局在の対応と読み替えることもできる（図5.3）．また，近年，変性疾患においても，言語症候が前景に出現する一群があることが知られており，原発性進行性失語と称されている．変性疾患では病期が進むと，機能低下部位が広範となり，疾患の違いに

図5.3 要素的言語機能（損傷時に出現する症候）と関連脳部位

よる特徴的な症候が捉えにくくなる．しかしこのような変性疾患においても，病初期の症候においては，病巣の首座と症候の関係が，この機能地図と一致することが報告され，この機能局在地図が広く受け入れられている．

　ここで，発語制御は言語表出，語音弁別は言語音受容に関わり，外界（相手）と関係を結ぶ機能に相当する．音韻，意味，統語（文法）は，冒頭で述べた内言語に関わる機能である．また，言語把持は言語を支える機能に相当する．

(c) 賦活研究からの知見

　1990年代後半から機能画像の方法が発達した．機能画像とは，脳血流や代謝，電気的な状態，あるいは，それらの変化などの脳内の情報を可視化する方法である（第2節参照）．特に，被検者に，何らかの課題を負荷し，そのときに脳のどの部位が活動するかを検討する研究方法は，賦活研究（activation study）と総称され，認知機能の研究に多く取り入れられることとなった．fMRI, PET, MEG（脳磁図）などを用いた研究が主体となっている．

　特に，fMRIは，被曝しないこと，MRI機器は医療機関や研究機関に広く普及していること，施行方法や解析方法が確立していることなどから，最も活用されている賦活研究の方法である．その原理は大まかに，以下である．神経活動が生じると，その部位のブドウ糖代謝が活発となる．脳はブドウ糖を唯一のエネルギー源として活動する臓器だからである．ブドウ糖代謝が活発になると，酸素を多く消費するので，酸素の供給が必要になる．そこで，隣接した血管内にある酸素と結合したヘモグロビン（酸化ヘモグロビン）から，酸素供給を受ける．そうすると，その局所では，酸素の供給を終えたヘモグロビン（脱酸素化ヘモグロビンまたは還元ヘモグロビンと称される）濃度が，酸化ヘモグロビン濃度よりも相対的に増える状態が一時的に起こり，その数秒後には，この状態を是正しようとして，末梢血管が拡張し，その局所の血流量が増加する．このように，局所で神経活動が活発になると，その部位での血流量が増え（Fox et al., 1988），酸素と結合した酸化ヘモグロビンと，酸素を手放した脱酸素化ヘモグロビンの濃度の比が変化する．酸化ヘモグロビンと，脱酸素化ヘモグロビンは，磁石に対して反応する度合いが異なるため（酸化ヘモグロビンは磁場に影響を及ぼさない性質を持ち（反磁性），一方の脱酸素化ヘモグロビンは磁場を乱す性質（常磁性）を有している），この違いをMRIが感知して，可視化

第1部　第4節　言語と脳の関係　　　　*91*

することがfMRIの基本原理である．ここで留意すべきは，脳賦活研究で示される活動部位は，瞬時に生じる変化を捉えることには向いておらず，神経細胞の活動から，血流増加，酸化ヘモグロビン／脱酸素化ヘモグロビンの変化に至るまでのタイムラグを含んだ反応を見ているということである．

　最も安定して用いられてきたのがfMRIにおけるブロックデザインによる方法である．これは，ある課題を十数秒～数十秒行った（ON状態）のち，休み（OFF状態）を入れ，このON状態とOFF状態を数回繰り返す方法である．ここで，ON状態時の血流変化からOFF状態時の血流変化を差分すると，その課題時に特異的に血流が増加した部位の変化を抽出することができ，そこが機能した部位と解釈されるのである．あるいは，比較したい要素以外の条件（例えば，課題の入力方法や反応の方法など）は同じとした課題Aと課題Bで，比較したい要素を抽出したい場合には，課題Aの血流変化から課題Bの血流変化を差分すると，課題Aに特異的に関係する部位が，逆に課題Bから課題Aを差分すると，課題Bに特異的に関係する部位が抽出できるのである．

　具体的には，例えば，「単語の想起」がどこで行われているのかを知りたい場合，被検者に単語の想起課題を課すが，脳は課題施行の有無にかかわらず，様々に活動しているので，「単語想起」をしている場合の脳血流の変化から，「単語想起課題をしていないとき（休息中）」の脳血流の変化を差分する．この差分が，「単語の想起」に特化して活動した部位と推定される（図5.4 (a)）．図5.4 (a) は，健常人5名に単語想起課題（「か」で始まる単語を思い浮かべる）を課した場合の，5名に共通する血流増加部位を着色した図である（自験例）．着色されている部位は，脳が活動している部位と推定され，この部位は，図5.3で想起障害（語を喚起することの障害）を引き起こす部位の一部である前頭葉と一致している（大槻，2007b）．このように，脳機能の可視化によって，様々な課題負荷時に，脳のどこが活動するかという知見が蓄積されるようになった．

　図5.4 (b) は，語の想起と音韻処理の部位を明らかにするために組まれた検討結果である．被検者は，語想起課題を行うが，その際に，2つの条件を課された．1つは，カテゴリ条件と称されている課題で，例えば「動物」など特定のカテゴリを与えられて，そのカテゴリに当てはまる語を想起する課題である．もう1つは，音韻条件と称されている課題で，例えば「か」で始まる（あ

第5章 ことばと脳

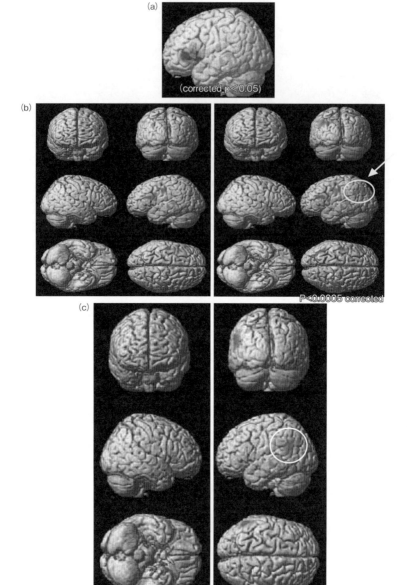

図 5.4 fMRI 画像
(a) 語想起課題（動物名想起），(b) 語想起課題（左：カテゴリ条件，右：音韻条件），(c)「か」がありますか検査における血流増加部位．

るいは終わる）語を想起するというような条件の課題である．結果は，図5.4（b）
で示したように，いずれの条件も，OFF状態と比較すると，ブローカ野（左
下前頭回後部）および左中心回領域の活動が得られたが，音韻条件では，それ
に加えて，矢印で示した左縁上回の活動が見られた（大槻，2007b）．このよ
うな機能画像の結果は，図5.4（a）で示したように，語の想起にブローカ野
が関与していること，また発語していなくても左中心回も何らかの活動をする
可能性を示唆し，さらに，語想起時の条件として音韻処理が求められれば，音
韻処理を担っている左縁上回も連合して活動するという脳活動を知ることがで
きる．

　また，「音韻」の処理は，語の想起という表出のみでなく，音韻の判断をす
るという入力に対する反応でも同様に機能していることが明らかになってい
る．図5.4（c）は，臨床では「「か」がありますか検査」と称されているが，
聴覚的に提示された単語の中に「か」があれば合図をする課題である．これは，
音韻判断の課題時の血流増加から，意味判断の課題（提示された意味カテゴリ
に合致したら合図するという意味判断課題）の血流増加部位を差分した結果で
ある．ここで，音を判断（「か」の有無を判断）する場合に，左の縁上回（図5.4
（c）の囲み部分）が機能していることが示されている．

　賦活研究では，ある課題を行った場合に「活動が増す領域」に関心が集まっ
たが，一方，ある課題を行った場合に「活動が低下する（脱賦活，deactiva-
tionと称されている）領域」の存在も明らかになってきた．Raichle et al. (2001)
は安静時に活動する脳領域を報告し，これらの領域は，脱賦活領域と一致する
ことを見出し，このような脳活動をデフォルトモードネットワーク（default-mode
network: DMN）と称した．デフォルトモードネットワークが認知機能とどの
ような関係にあるかは，まだ十分明らかではないが，デフォルトモードネット
ワークは他の機能的ネットワークと逆相関を示していることから，逆に，認知
機能に連動した活動である可能性も指摘されている．多種多様のネットワーク
が，安静時にも活動しているという事実は，脳機能が，常に不休で，相互に密
接な情報交換をしていることを示しており，脳機能を考える上で大きな視点を
提供している．

(d) 二重経路モデル

要素的言語機能の検討とともに，それが「言語」という統合された機能の中でどう位置づけられるか，そのネットワークに注目した研究も多々ある (Hickok and Poeppel, 2004, 2007；Poeppel et al., 2012)．これらは，言語を構音，音韻，意味，統語などをダイナミックに処理するネットワークシステムと捉え，言語を担う二大経路として，腹側路と背側路を想定している．その代表的なモデルは二重経路モデル（dual stream model）と称されている (Hickok and Poeppel, 2007)．図5.5 はその模式図である．

このモデルでは，両側の背側上側頭回（dorsal supratemporal gyrus: dorsal STG）（図5.5 のチェッカー柄の部分）で，空間時間的な（音響）分析（spectrotemporal analysis）が行われ，両側の後部上側頭溝（superior temporal sulcus: STS）（図5.5 の縦線柄の部分）で音韻処理のネットワークが働くと想定されている．音韻処理された情報は，左頭頂−側頭接合部（parietal-temporal Spt）（図5.5 の灰色の部分）が，感覚運動情報を接合する機能として働き（感覚運動インターフェース），その後，背側経路として構音ネットワーク（articulatory network）が機能すると考えられている (Hickok and Poeppel, 2007)．構音ネットワークには，左下前頭回の後部（pIFG），左前運動野（PM），左島前方などが関連部位として想定されている．また，語彙を接合する機能（語彙インターフェース）は中下側頭回後部（図5.5 のドット柄の部位）が担い，そこから腹側経路として，組み合わせネットワーク（combinatorial network）を中側頭回前方部，下側頭溝前方部が担っていると想定されている．本モデルで興味深いのは，背側経路は明確に左優位であるが，音韻ネットワーク，空間時間的な分析は両側，そして，腹側の語彙・結合ネットワークは弱い左偏在性

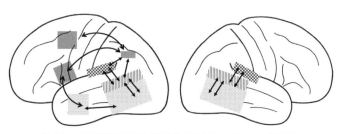

図5.5 二重経路モデルの模式図（Hickok and Poeppel, 2007）

(weak left-hemisphere bias) と記載されていることである.

このネットワークモデルは，空間時間的分析（チェッカー柄の部分）は臨床でいう語音弁別に相当し，縦線柄で示された部分は音韻処理，そして，感覚運動インターフェースから前頭葉へ至る背側経路は，臨床的には発語や語想起の経路に相当し，側頭葉から前頭葉に至る腹側路は，意味処理に相当する（図5.3）.

(e) 認知神経心理学の発展

1990年代より，神経心理学的研究に認知神経心理学の流れも加わってきた．認知神経心理学は，様々な認知機能はモジュールとして組織化され，表象されているという考えを基盤に，脳損傷者の障害パタンを検討する分野である．認知神経心理学は後に，大きく2つの流れに分かれて発展してきた．1つは，「脳」を主体とした従来の臨床神経心理学に，認知心理学の視点を導入した方向性を持つ流れで，もう1つは，脳損傷の部位や脳の特性などの，「脳」に対しての視点を排除し，その第一の目的を，もっぱらモデル構築と検証とする流れである．後者は，認知機能を脳機能から切り離して考えるという立場であったため，臨床神経心理学や脳科学とは距離を置くスタンスであったが，その後，解剖学的モデルとコネクショニストモデルの対応が試みられるようになってきた(Ueno et al., 2011).

第2部　今後の展望

第5節
未解決の問題と今後の展望

(a) 機能の変動，状況による変化

要素的機能を担っている部位が損傷されると，その機能が欠損するという脳損傷-欠損症候の視点では説明できない現象の1つに，言語機能の変動，あるいは状況による変化がある．

この変動，変化は古くは，「意図性と自動性の解離」と称されてきた．これは，発語で指摘されることが多いが，言語理解でも，自然な会話は理解されやすいことが昔から指摘されている（Goldstein, 1948）．復唱能力（言われた言葉をおうむ返しに言う）に関しても，復唱が障害されているはずのウェルニッケ失

語患者に対して，理解課題を装った課題で，聴覚的に提示された単語を無意識に復唱してしまう現象を拾うと，復唱ができることが多いことが示されている（Otsuki et al., 2005）．山鳥は「身構える」と難しくなると表現している（山鳥, 1985）．言語は，そもそも，何かの表現・伝達を「意図して」発語したり，聞き取ったりすると考えられるが，「意図」あるいは「構え」と，言語機能の発動がどのようなメカニズムで関係しているのか，明らかではない．「意図する」「構える」ことで，言語機能の発動が妨げられるという意味では，行為・動作でも類似の現象がある．例えば，前頭葉内側面が損傷されると，「手を挙げてください」のような，「手を挙げる」という運動そのものを意識させる命令には手が挙がらなくなる．患者は，手を挙げようとすればするほど，できなくなる．ところが，「ここに触ってみてください」と言って，目標物を提示すると，患者の手は，目標物に向かって挙上する．言語でも，ターゲットとなる物や事象を「言おう（言わなくてはと思う）」あるいは「理解しよう（何と言っているのか聞き取らなければと思う）」という場面では，発語や理解が難しいが，それ以外の契機では，引き出せる方法があるのかもしれない．

また，言語理解に関して，最初の言葉が，後続する言葉より理解しやすいことが指摘されている（山鳥, 1985；Otsuki et al., 2010）．山鳥（1985）は，そのメカニズムに関しては，最初の反応の「保続」の範疇，「機能変動」の極端な例で説明できる可能性もあるが，違うメカニズムである可能性が高いと述べており，このメカニズムも未解決である．

また，近年，単語理解課題として最も広く用いられている方法，すなわち，いわれた語に相当する絵を眼前の図版や実物から選択して指さす課題（指示課題）において，図版の呈示の仕方でも，成績に違いが出ることが指摘されている（高倉ほか, 2021）．これは，前頭葉損傷患者において，通常の単語指示課題で低下が見られるが，選択肢を先に提示しないでおき，まず，ターゲットとなる単語を聴覚的に提示した後に，眼前に図版を提示すると，成績が良好になることを示した報告である．このことは，単語指示課題で失点があっても，その手順を工夫することで，真の語義理解障害でない部分を区別できる可能性を示唆している．単語理解のための指示課題では，選択肢図版の内容によって，前頭葉損傷群と後方領域損傷群では成績のパタンに違いがあることは古くから

指摘されており（大槻, 1998b），今後，言語評価の方法も，見直していく必要があろう．

(b) カテゴリ特異性障害とモダリティ特異性障害

言語の理解や語の想起には，意味カテゴリによってその能力に相違があることが多々指摘されている（Yamadori and Albert, 1973 ; Warrington and Shallice, 1984）．山鳥ら（Yamadori and Albert, 1973）は，身体部位と室内物のカテゴリで低下を示した患者を報告した．この患者では，左後部側頭～頭頂葉に損傷があった．のちに，Warrington and Shallice（1984）は，生物系の名前と人工物系の名前の理解に二重解離を示した患者を報告した．このような意味カテゴリによって障害が異なる現象は「カテゴリ特異性障害」と称されている．これまでの報告を整理すると，損傷部位と障害されるカテゴリの間に図5.6に示したような分布が知られている．これは損傷脳の研究ばかりでなく，機能画像でも示されている（Damasio et al., 1996 ; Sugimoto et al., 2016）．

このようなカテゴリ特異性が生じる理由として，脳の基本的機能との関係が指摘されている．すなわち，頭頂葉は空間的な位置・広がりの認知，あるいは身体の位置を認知し，外の対象との空間関係を位置づける機能を担っていることから，この部位が，特に身体部位や家具・道具のカテゴリに関係すると推測されている．一方，動物や植物は，身体部位や家具・道具のように，身体や空間的広がりとは関係なく，その視覚的特徴で認知されたり，分類されたりする．したがって，視覚情報処理が大きく関わっているため，後頭葉の一次視覚野から側頭葉下部を前方の意味理解処理へと進む経路（側頭葉下部中央近傍）の損傷で，動物や植物などの生物カテゴリが障害されると推測される．動詞は動きに関係するので，運動機能を司っている前頭葉の運動野近くと関連していると推測される．すなわち，語の処理は，その意味に関連した知覚処理や運動

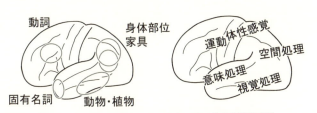

図5.6 カテゴリ特異性のある障害と脳の基本的機能部位

処理を担う部位と関連していることが指摘されている（Mahon and Caramazza, 2011）.

また，入力や出力のモダリティ（方策，感覚（運動）様式とも呼ぶ）によって，言語機能が乖離することも知られている．例えば，視覚入力で，対象を提示した場合，その名前を喚起できない現象などである．この場合，視覚認知障害があるわけではないので，示されたものが何か分かり，説明もできるのに，その名称が言えないのである．もし，触ったり，音を聞くなどの別の入力モダリティを用いれば，ただちに，名前が言えるのである．これは，視覚のみでなく，聴覚や触覚でも報告されており，モダリティ特異性（modality specificity）障害と称されている（Lhermitte and Beavois, 1973；Goodglass, 1993）.

意味カテゴリによって語の処理に用いられる脳部位が異なり，それはその対象が関わる入出力のモダリティに関連するという知見は，カテゴリ特異性のある現象は，入出力のモダリティ特異性のある現象と密接に関わっている可能性を示唆する．実際，カテゴリ特異性のある障害を呈した患者において，入力モダリティごとの呼称課題を施行したところ，モダリティ特異性も認められたという報告がある（大槻, 2016）．意味システムと入出力モダリティの関係は，言語の身体性[2] という視点でも興味深く，言語が脳，そして身体と切り離せないものであることを示唆し，今後解明が期待される（大槻, 2014）.

推薦図書

山鳥（1985）は，『神経心理学入門』と冠している書だが，神経心理学のバイブルといえる一冊である．神経心理学の基本的考え方，様々な視点，問題点までが書かれており，40年経っても座右の書にすべき，まさに神経心理学の真髄である．山鳥（2011）は，失語症を通して言葉と脳とこころについてまとめた新書である．気軽に読め，わかりやすく，しかも，読み進めるにつれ，言葉と脳と心の不思議の世界に誘われる魅力に満ちている．神経科学の基本をわかりやすくという視点では，ベアーほか（2021）が最新の知見をコンパクトにまとめている．また，Ardila（2018）は，神経心理学の歴史的な変化という視点で捉えたユニークな解説書である．言葉の章，読み書きの章では，様々な脳内の言語システム，失語症の今日的な捉え方が概観できる．

---

[2] 言語の身体性については第1巻第1章，第2巻第4章，第6章〜第8章，第4巻第4章を参照.

文　献

Alajouanine, T. (1960) Baillarger and Jackson: The principle of Baillarger-Jackson in aphasia. *J Neurol. Neurosurg. Psychiatry* **23**: 191-193.

Ardila, A. (2018) *Historical Development of Human Cognition: A Cultural-Historical Neuropsychological Perspective*, Springer.

Basso, A. (2003) *Aphasia and Its Therapy*, Oxford University Press.

ベアー, マーク F. ほか (著), 藤井　聡 (監訳), 山崎良彦ほか (訳)(2021)『神経科学―脳の探求〈改訂版〉』西村書店.

Broca, P. (1861) Remarques sur le siège de la faculté du langage articulé suivies d'une observation d'aphémie. *Bull Soc. Anatom.* 2. sér. 6: 330-357. [萬年　甫 (訳), 秋元波留夫ほか (編)(1982)『神経心理学の源流 失語編 上』pp. 21-45, 創造出版.]

Damasio, H. et al. (1996) A neural basis for lexical retrieval. *Nature* **380**: 499-505.

Fox, P. T. et al. (1988) Nonoxidative glucose consumption during focal physiologic neural activity. *Science* **241**: 462-464.

Goldstein, K. (1948) *Language and Language Disturbances*, Grune & Stratton.

Goodglass, H. (1993) Lexical Semantics and Conceptual Organization. In *Understanding Aphasia*, pp. 237-243, Academic Press.

Hickok, G. and Poeppel, D. (2004) Dorsal and ventral streams: A framework for understanding aspects of the functional anatomy of language. *Cognition* **92**: 67-99.

Hickok, G. and Poeppel, D. (2007) The cortical organization of speech processing. *Nat Rev Neurosci* **8**: 393-402.

Itabashi, R. et al. (2016) Damage to the left precentral gyrus is associated with apraxia of speech in acute stroke. *Stroke* **47**: 31-36.

Lhermitte, F. and Beavois, M. F. (1973) A visual-speech disconnectiom syndrome. *Brain* **96**: 695-714.

Lichtheim, L. (1885) On aphasia. *Brain* **7**: 433-484.

Mahon, B. Z. and Caramazza, A. (2011) What drives the organization of object knowledge in the brain? *Trends in Cognitive Sciences* **15**(3): 97-103.

大川宣昭・井ノ口馨 (2015)「オプトジェネティクスによる記憶の操作」『実験医学』**33**: 3065-3069.

Ohkawa, N. et al. (2015) Artificial association of pre-stored information to generate a qualitatively new memory. *Cell Rep* **11**: 261-269.

大槻美佳 (2005)「Anarthrie の症候学」『神経心理学』**21**：172-182.

大槻美佳 (2007a)「言語機能の局在地図」『高次脳機能障害研究』**27**：231-243.

大槻美佳 (2007b)「コミュニケーション障害とその機能局在―臨床と fMRI の知見から」『コミュニケーション障害学』**24**(1)：29-34.

大槻美佳 (2014)「脳における言語の表象と処理」今井むつみ・佐治伸郎 (編)『岩波講座 コミュニケーションの認知科学 1 言語と身体性』pp. 93-121, 岩波書店.

大槻美佳 (2016)「言語の神経心理学」『神経心理学』**32**(2)：104-119.

大槻美佳ほか (1998a)「補足運動野と運動前野の喚語機能の比較―超皮質性運動失語の語列

拳と視覚性呼称の検討」『脳神経』**50**：243-248.

大槻美佳ほか（1998b）「単語指示課題における前頭葉損傷と後方領域損傷の相違—超皮質性感覚失語の検討」『脳神経』**50**(11)：995-1002.

Otsuki, M. et al.（2005）How to improve repetition ability in patients with Wernicke's aphasia: The effect of disguised task. *JNNP* **76**: 733-735.

Otsuki, M. et al.（2010）Temporal sequence effect of naming: implication of temporal lesion. International Neuropsychological Society Mid-Year Meeting 2010（Krakow, Poland）.

Poeppel, D. et al.（2012）Towards a new neurobiology of language. *J Neurosci* **32**(41): 14125-14131.

Poizner, H. et al.（1987）*What the Hands Reveal about the Brain*, MIT Press.［河内十郎ほか（訳）(1996)『手は脳について何を語るか』新曜社.］

Raichle, M. E. et al.（2001）A default mode of brain function. *Proceedings of the National Academy of Sciences of the United States of America* **98**: 676-682.

Schuell, H. et al.（1962）A factor analysis of the Minnesota test for differential diagnosis of aphasia. *Journal of Speech and Hearing Research* **5**: 349-369.

Sugimoto, K. et al.（2016）Spatiotemporal Human Brain Activities on Recalling Fruit Names. SCIS&ISIS2016. Sapporo. 28.8.25～28.8.28

高倉祐樹ほか（2021）「左前頭葉損傷による失語例の単語指示課題における障害機序—目標語の呈示条件を変化させた単語指示課題による検討」『神経心理学』**37**：291-302.

Teuber, H. L.（1955）Physiological psychology. *Annual Review of Psychology* **6**: 267-296.

Ueno, T. et al.（2011）Lichitheim 2: ynthesizing aphasia and the neural basis of language in a neurocomputational model of the dual dorsal-ventral language pathways. *Neuron* **72**: 385-396.

Warrington, E. K. and Shallice, T.（1984）Category specific semantic impairments. *Brain* **207**: 829-953.

Wernicke, C.（1874）*Der aphasische Symptomenkomplex*, Cohn & Weigart.

山鳥　重（1985）『神経心理学入門』医学書院.

山鳥　重（2011）『言葉と脳と心—失語症とは何か』講談社現代新書.

Yamadori, A. and Albert, M. L.（1973）Word category aphasia. *Cortex* **9**(1): 112-125.

第6章　ことばと記憶

上野泰治

◆ キーワード
作動記憶，音韻ループ，語彙，文法，計算機モデル，コーパス分析，ニューラルネット，意味記憶，発話，読み

　本章の第1部では，情報を一時的に貯蔵する作動記憶が，語彙・文法の獲得や，発話・音読などの言語活動に必要かという問いに関する研究を紹介する．第2部では今後の展望として，計算機モデル研究を紹介し，言語能力を支える知識（長期記憶）がどのような構造をしているかに関する議論を紹介する．特に，領域特異的なメカニズムが必要か，領域普遍的なメカニズムで言語活動が成り立ち得るか，という観点から，言語と記憶の関係について議論したい．最後に，記憶システムの制約が言語獲得に与える影響や，現存する言語構造に与える影響を示した最新の研究を紹介する．

第1部　現在までの流れ

第1節　言語と記憶の関係：多重貯蔵モデル

　言語と記憶の間にはどのような関係があるのだろうか．言語は比較的自律した機能（Chomsky, 1980）なのだろうか．記憶と他の機能との関係に言及した有名な例は，アトキンソンとシフリン（Atkinson and Shiffrin, 1968）の多重貯蔵モデル（multi-store model）であろう．このモデルは，情報の保持時間や容量に基づいて記憶を3段階（感覚登録器，短期貯蔵庫，長期貯蔵庫）に分類した（図6.1）．彼らは明確に「短期記憶は作動記憶（working memory）であ

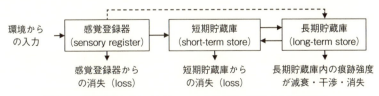

図6.1　多重貯蔵モデル（Atkinson and Shiffrin, 1968をもとに作成）

る」と述べ，記憶が他の活動に用いられる（working）ことを仮定していたのである．

第2節
複数成分作動記憶モデル

この多重貯蔵モデルから発展したのが，バッデリーとヒッチ（Baddeley and Hitch, 1974）の複数成分作動記憶モデル（multi-component working memory model）である．多重貯蔵モデル同様に，記憶内の情報が様々な認知活動（言語を含む）を支える可能性が提唱されていた．ただし，多重貯蔵モデルと異なり，「すべて」の認知活動を支えるとは仮定せず，「どのような活動を支えるか」という問い自体が研究の対象となるように，その研究手法とセットで提唱されたところにこのモデルの意義があった．提唱当時のモデル（図6.2）は3つの成分からなっており，1つは制御過程や情報の操作をする中央実行系（central executive）であった．このシステムは，注意の焦点を何かに当てたり，意思決定をしたり，2つの課題を同時にこなす際などの制御過程に特に重要な役割を果たすとされた．残りは，一時的な貯蔵庫として言語・音響情報の保持を担う構音ループ（後の音韻ループ（phonological loop））と，視空間性の情報の保持を担う視空間スクラッチパッド（後の視空間スケッチパッド（visuo-spatial sketchpad））であった．例えば，耳から「1, 5, 8, 2, 4, 9」という数字系列を聞いて覚える際は，音韻ループがその保持を担う．一方で，3×3のマトリックスの1つが塗りつぶされた絵がランダムに呈示されて覚える際は，視空間スケッチパッドがその保持を担うとされた．その後，各システム内の情報は放っておくと減衰してしまうことから，積極的に情報を維持するためのリハーサルシステムである，構音リハーサル（articulatory rehearsal）とインナースクライブ（inner scribe）が仮定された（Logie, 2011）．ここでいうリハーサルとは，

図6.2　初期の作動記憶モデル（Baddeley and Hitch, 1974をもとに作成）

繰り返しつぶやく，頭の中で反すうするといったような処理や，再度注意をあてることで記憶内の情報強度を再度強めるような処理も含む．また，リハーサルは必ずしも意識的とは限らず，無意識的に繰り返して情報を維持するような場合も含んでいる（Atkinson and Shiffrin, 1968）．

第3節
言語獲得と作動記憶：言語獲得装置としての音韻ループ

　この作動記憶は，言語の様々な側面を支えているのだろうか．まず，言語獲得（語彙獲得）における作動記憶の役割から考えてみる．ここで，言語獲得と作動記憶の関係を言い換えると，長期記憶と情報を一時的に貯蔵するシステムとの関係ともいえる．なぜならば，言葉を獲得するということは，その意味，音（呼称），綴りを長期記憶に保存していることを意味するからである．では，言葉の長期学習（特に長期音韻学習）において，情報を短期的に貯蔵するシステム，特に音韻ループは何らかの役割を果たしているのだろうか．

　短期記憶が長期学習に重要であることを仮定した有名なモデルは，上述の多重貯蔵モデルである（Atkinson and Shiffrin, 1968）．このモデルでは，短期記憶に入った情報が，リハーサルによって長期記憶へと転送されると仮定していた．しかし，短期記憶がひどく障害されているにもかかわらず，ウェクスラー記憶検査に含まれる対連合学習課題（長期記憶課題）は正常成績を示す脳損傷患者などが報告された（Shallice and Warrington, 1970）．これは，音韻ループシステムは（言葉の）長期学習を支えない，と解釈される結果であった．

　ここでバッデリーら（Baddeley et al., 1988）は，新奇の音・文字系列を刺激として用いることに着目した．私たちが語彙を獲得するということは，初めて聞く音情報（つまりそのときまでは非単語だった音情報）を長期記憶に留めることとも言い換えられる．この状況を模するためには，見たことのない（しかし発音は可能な）音系列・綴り系列を対象とした長期学習課題を実施し，その成績を作動記憶が支えるかどうかを見る必要がある．結果は予想どおりであった．脳損傷患者の1人（イニシャル PV）は，非単語を複数呈示されて順番に思い出す課題（短期記憶課題）も，非単語と非単語をペアで記憶し，一方からもう一方を思い出す対連合学習課題（長期記憶課題）のいずれの成績も著しく低下していた．バッデリーらはこれを，新奇な音系列を短期記憶内に保持

し損ねたことで，長期記憶への情報転送ができなかったと解釈している．

その後，ギャザコールら（Gathercole et al., 1992）は縦断的研究を実施し，音韻ループが言語獲得装置として進化した可能性を検証した．まず，80人の参加児が4～8歳の間に合計3回実験に参加し，非単語反復課題の成績（正しく反復できる音節（syllable）の長さなど）と，語彙力との関係が調べられた．非単語反復課題を用いた理由は，長期記憶の関与を小さくし，より純粋に作動記憶のはたらきを反映した指標を用いるためとされる．結果，いずれの年齢児も，非単語反復成績と語彙成績との間に有意な正の相関を示した．

しかし，横断的に相関係数を推定しても因果関係は不明である．実際のところ，スノーリングら（Snowling et al., 1991）は，これまで学習した語彙の構造に関する知識（例：どのような音と音が並びやすいかなど）が非単語反復成績に影響すると述べ，語彙量の増加（言語）が非単語反復成績（記憶）の拡張につながるという方向の（つまり逆方向の）因果関係を示唆している．

そこでギャザコールらは，横断的に2変数間の相関関係を推定するのではなく，関係を推定する2変数間の時期をずらし，時間的に先行する変数から時間的に後行する変数を予測する交差遅延モデルを採用した（図6.3）．これは，原因は必ず結果に先行するという事実を活かした分析である．結果，t時点の語彙能力からt+1時点の非単語反復成績を予測する偏回帰係数は非有意であったが，t時点の非単語反復成績からt+1時点の語彙能力を予測する偏回帰係数（図6.3の太い矢印）は正の方向に有意であった．つまり，音韻ループの発達（非単語反復成績上昇）が原因となり，後々の語彙量が増加すると解釈されるものであり，音韻ループが言語獲得装置として進化したという仮説を裏づける結果であった．なお，この因果関係は4，5歳時点に特に顕著であり，6歳以降は，影響が相互的なものになっていくとされている．

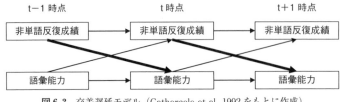

図6.3　交差遅延モデル（Gathercole et al., 1992をもとに作成）

第4節
言語獲得装置としての音韻ループ理論への反例

しかし，後続研究はギャザコールらの結果を必ずしも再現できず，5歳時点の非単語反復成績は後の語彙発達を予測しなかった（例えば Melby-Lervåg et al., 2012）．再現に成功しなかった理由として，2つの点が挙げられている．1点目は，この論文のシニアオーサーであるヒューム（Charles Hulme）が過去に主張しているとおり（Snowling et al., 1991），非単語反復課題が音韻的短期記憶を「比較的純粋」に測っているという前提が間違っている可能性である．もう1つの理由として，交差遅延モデルは2つの尺度の信頼性の違いに強く影響を受けるためである．そこで，ヒュームらはこの弱点を補うため潜在成長モデル（growth-curve model）を用いた（図6.4）．これは，各尺度の「4歳時点（t=1時点）の成績」および「4歳から7歳に向けて成績が線形に上昇すると仮定する場合の1年当たりの変化量（傾き）」について真値（母集団の値）を推定するものである．これらの推定値を交差遅延モデルに導入して分析したところ，4歳時点の非単語反復成績も，同時点の語彙成績のいずれも，もう一方の変数の成績変化量を予測しなかった．つまり，交差遅延相関係数（図6.4の交差する点線で示した偏回帰係数）は非有意であった．言い換えると，4歳時点で記憶容量が大きくても，語彙の変化量が大きくなるわけではない．これ

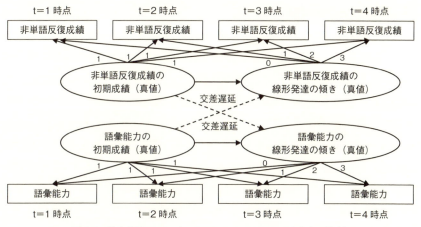

図6.4 潜在成長モデル（Melby-Lervåg et al., 2012 をもとに作成）

は，音韻ループが語彙獲得に因果的な影響を持たないと解釈される結果であった．

　以上を踏まえると，作動記憶と語彙獲得（単語の長期学習）の因果関係についてはまだはっきりしていない．しかしながら相関関係は明白であり，因果関係や第3の変数の解明などが今後の課題である．実際のところ，ギャザコール自身（Gathercole, 1995）も再現性問題に取り組んでおり，非単語反復課題に用いる非単語の特性が再現性に影響することを1995年にすでに明らかにしていた．具体的にはまず，音素配列頻度（phonotactic frequency）という観点から非単語刺激を2群に分類した．音素配列頻度とは，当該言語の実在語の中に，特定の音素と音素の並び（音素の組み合わせはいくつ以上あってもよい）がどれくらいの頻度で出現するかを表した数値である．結果，音素配列頻度が低い（≒より新奇に聞こえる）非単語刺激を用いた際の反復課題成績のみ，後々の語彙量を予測した．逆に，音素配列頻度が高い（≒より馴染みのあるように聞こえる）新奇刺激を用いた場合の反復課題成績は，語彙量を予測しなかった．より馴染みのある刺激を用いた非単語反復成績は，過去の言語経験（長期記憶）に支えられてしまうため，音韻ループの純粋な指標とはならないのかもしれない．よって，言語獲得における音韻ループの役割を調べる場合は，あまり聞いたことのない音の並びをした非単語を用いる必要があるだろう．

第5節
読み能力と作動記憶

　次は，読み能力，つまり綴りから発音を導く能力と作動記憶との関係を紹介したい．読み能力の獲得に関する研究では，最初は作動記憶よりも音韻意識（phonological awareness）の役割に焦点が当てられていた．音韻意識とは，研究によって音節（例：*spin* の [spɪn]），頭子音（onset，オンセット）（例：*spin* の [sp]），韻（rime，ライム）（例：*spin* の [ɪn]），音素（例：*spin* の [s], [p], [ɪ], [n]）といった単位の大きさに違いはあるものの，当該言語に存在する音を認識・区別・操作する能力である（Anthony and Francis, 2005）．音韻意識を獲得しているということは，話し言葉としてすでに学習した単語について，その単語を構成する音韻要素を切り分けられることを意味する．すると，個々の文字と（切り取られた）音韻要素の対応もしやすくなるため，読み能力も獲得しやす

第1部　第5節　読み能力と作動記憶　　107

くなる.

　では, 作動記憶 (音韻ループ) は, 音韻意識とは独立して, 読み能力の獲得・発達に重要な役割を持っているのだろうか. これを検討するために, 読み課題成績低群・中群・高群の間で記憶成績 (系列再生) を比べた研究 (Shankweiler et al., 1979) が実施された. それによると, 読み能力中群・低群は, 記憶成績も低下していた. しかし, 失語症の患者を対象とした場合の結果は少し異なっている. 例えば, ジョンストン (Johnston, 1982) は, 失読症患者と健常者に対して系列再生課題を実施し, リスト内の音韻類似性を操作した. 一般的に音韻非類似刺激 (例：h, k, q, w) を用いた方が, 類似刺激 (例：b, c, d, g) を用いた場合より記憶成績が高い. これは, 区別しやすい非類似刺激を混乱することなく保持する記憶能力がある, と解釈される. ジョンストンによると, この音韻類似性効果の大きさはどちらの群も同じであった. つまり, 失読症患者は読み能力が低下しているにもかかわらず, 音を混乱することなく区別して保持する記憶能力は健常者と変わらなかった. それでは, 音韻的作動記憶と読み能力に関連はないのだろうか.

　ここで, 前段落で用いられた記憶課題に注目したい. この系列再生課題は, 比較的複雑な課題である. 一方, 音韻的作動記憶のはたらきを (比較的) 純粋に調べられる非単語反復課題成績を記憶の指標とすると, 失読症患者は健常者と比較して, 記憶成績が下がっていることが分かった (Snowling et al., 1986). これらの結果を踏まえ, 失読症患者の読み能力の障害は, 音韻ループの容量や効率性が低下したことに起因する音韻的作動記憶の障害の結果であるとギャザコールら (Gathercole and Baddeley, 1993a) は解釈している.

　さらに, 記憶と読み能力との関係を調べた縦断的調査もある. ギャザコールら (Gathercole and Baddeley, 1993a) は, 4歳児の非単語反復課題成績が, 8歳時点の読み課題成績を有意に予測することを示した. この予測力は, 4歳時点の語彙量や非言語的知能 (レーヴン色彩マトリックス検査) などを統制しても有意なままであった. しかし, 後続研究の中には再現に成功しなかったものもある. 例えばエリスら (Ellis and Large, 1988) は5～7歳児を縦断的に調査し, 交差遅延モデルを用いて音韻的作動記憶成績と読み課題成績との因果関係を調べた. すると, どちらの変数をt時点 (原因として仮定), t+1時点 (結

果として仮定）に設定した場合も，結果に違いはなかった．この結果は，音韻的作動記憶と読み能力との間に明確な片方向の因果関係があるのではなく，相互的な関係があることを示唆している．なお，ギャザコールらが異なる課題や異なるサンプルを用いて交差遅延モデルを実施したところ，エリスら同様に双方向の関係が示唆されたものの，年代や課題によっては，音韻的作動記憶成績が読み課題成績を因果的に予測するかのように解釈される結果も得られた．

　ここまでをまとめると，音韻的作動記憶と読み能力の関係に関する結果は必ずしも一貫していない．2012 年には再度，ブルンスウィックら（Brunswick et al., 2012）によって就学前〜7 歳ごろの期間を対象とした縦断的調査が実施され，交差遅延モデルを用いて因果性が評価された．結果，やはり音韻的作動記憶の成績が後々の読み能力を予測することが示唆された．なお，この研究では，音韻意識能力の個人差と音韻的作動記憶の個人差を個別に測っており，各々が独自に読み能力獲得に与える影響も評価された．結果，音韻意識は読み能力発達の初期にのみ予測力を持つ一方，数字系列スパン課題で計測された音韻的作動記憶成績は，調査された全期間を通じて読み能力を予測した．順番が前後したが，同様の検討はギャザコールら自身（Gathercole et al., 1991）も行っており，音韻的作動記憶能力の個人差は，5 歳時点において読み能力を予測するものの，それ以前の時点では予測しなかった．一方で，音韻意識能力の個人差は 4 歳時点の読み能力を有意に予測した．

　これらをまとめると，読み能力の初期発達段階においては音韻意識が重要な役割を持つものの，音韻的作動記憶も，読み能力獲得に貢献する力がある．しかし，音韻的作動記憶が読み能力発達に対して常に因果的な影響を及ぼすとは限らず，ある段階以降は相互的に影響し合うと考えられている．

第 6 節
発話と作動記憶

　ここまでは，語彙獲得や読み能力獲得における作動記憶の役割について述べた．次は，成人の言語発話における作動記憶の役割について紹介したい．

　言語発話のプロセスといったとき，モデルによって詳細は異なるものの，大まかな流れは共通している．まず，発話する概念が決定され，次にその意味を表す語彙が決定され，語順などの統語処理なども実行される．それから語彙情

報を音韻情報に変換し，当該の音韻情報を実際に構音する（例えば Levelt, 1992）．ここで，発話するべき音韻情報を決定した後（あるいは決定しつつ），構音するまでの過程に注目したい．この過程は音韻計画過程（phonological planning process）と呼ばれ，構音しようとしている音韻情報を何らかの形で保持しているはずである．では，その保持を実現するメカニズムとはどのようなものだろうか．バッデリーとヒッチ（Baddeley and Hitch, 1974）が発表した，音・言語情報の保持を担う音韻ループだろうか．それとも別の記憶システムだろうか．

音韻計画過程を支える記憶システムを調べる古典的な方法は，「構音する予定の音（＝つまり計画される音韻情報）」を参加者にあらかじめ知らせておき，シグナル呈示後からの発話潜時を測る方法（単純反応時間）が挙げられる．あるいは，発話候補となるリストは事前に与えられているものの，各試行でどの音を発話するかは，シグナルとともに知らされる場合の発話潜時を測る方法（選択反応時間）もある．これらの課題を用い，かつ，音韻計画される情報の内容・性質を操作して潜時への影響を検討することで，音韻計画情報を短期的に保持するシステムの特徴を推定してきた．例えばクラップ（Klapp, 1974）は，w[dʌˈblju] という文字の選択反応時間は，t[tíː] という文字の選択反応時間よりも長いことを実証した．ここでは発話刺激のシラブル数という音韻特徴が操作されており，結果として発話潜時が変化している．つまり，音韻計画情報を保持するシステムが音韻的性質を持っていることを示唆しており，音韻計画過程を支える記憶システムは音韻ループであると解釈される．しかし，再現に成功しなかった後続研究もある．例えばスタンバーグ（Sternberg, 1987）は，音韻計画に含めるシラブル数が発話潜時に大きな影響を持たないことを示した．むしろ，音韻計画に含める刺激の総数の方が発話潜時を線形に予測した．これは，音韻的な性質を持つ音韻ループというよりも，別の記憶システムが音韻計画過程を支えていると解釈される結果であった．

前段落では正しく発話する際の反応潜時に焦点を当てた研究を紹介してきたが，次に，言い間違い（スピーチエラー，slips of the tongue）を取り扱った研究のうち，記憶と関係の深い研究を紹介したい．これは，エラーの類似性に着目した研究である．まずは短期記憶課題でよく見られるエラーを見てみよう．

視覚呈示された文字系列（例：*t, n, w, s, p* など）を記憶する際によく起こるエラーの1つとして，音響学的に類似した文字に置き換える（例：*t → d, p → b*）エラーが知られている（Conrad and Hull, 1964）．これは，記憶内において情報が音韻様式で保持されていることを示唆しており，複数成分作動記憶モデルの枠組みでいうと，音韻ループが関与していることを示している．一方，言い間違いの場合は，スプーナリズム（spoonerism；スプーナ誤法とも呼ばれ，"keep a tape → teep a kape" などのように頭韻転換をする）というエラーが着目されている．このエラーが起きた際のパタンを詳細に調べた研究（MacKay, 1970）によると，スプーナリズムは子音同士，母音同士で起きやすい．特に，子音同士で起きる場合，舌をどの位置でどう調音するかなど，構音上の特徴が共通（≒音響的に類似）している子音同士ほど，スプーナリズムが起きやすい．これは，上述の音韻的短期記憶課題における音類似エラーと類似しており，言語産出と音韻ループとの関係が示唆される．

　しかし，これらは自然に発生した言語産出エラーと短期記憶の類似性に着目する相関型の研究である．それよりも，一方を操作してもう一方にどのような影響が現れるかを検討する研究の方が，より直接的である．これを試みた研究として，齊藤とバッデリー（Saito and Baddeley, 2004）の言い間違い誘導法が挙げられる．この研究は，「ピザ」と10回いってもらった後に肘を指さして「これは？」と聞くと，「ひざ」と答えてしまう言葉遊び（のTV番組）から着想を得ている．「ピザ」を何度も構音した結果，音韻ループには「ピザ」の音韻情報が痕跡として残っていると考えられる．そこで「ひじ」と発話しようとすると，音韻ループ内に残っている「ピザ」という音韻表象が（よく似ているために）干渉し，「ひざ」と言い間違えてしまうと解釈される．この解釈は，音韻ループが音韻計画過程を支えているという考えと一貫している．この可能性を検証するため，齊藤らは1秒に1回のリズムで「ターゲット語（例：しずおか）」を発話するように参加者に求めた．リズム制御のために1秒に1回ビープ音を呈示し，参加者はその裏拍で（つまり500 msずれて）「ターゲット語」を繰り返し発話した．あるとき，参加者の予期しないタイミングでビープ音が聴覚刺激に置き換えられ，かつ，その刺激はターゲット語と音韻的に類似していた（例：しおづけ）．つまり，参加者の音韻ループ内に，音韻的に類似した

表象を唐突に入力することで，音韻ループ内の情報を操作したのである．もし，発話における音韻計画過程を音韻ループが支えているなら，この実験操作が発話に影響するはずである．結果，直後（500 ms 後）のターゲット語の発話が，無関連聴覚入力と音韻的に類似した言い間違いへと置き換わった（例：しおづか）．重要なことに，無関連聴覚刺激が音韻的に類似していない場合は，同様の言い間違いは誘導されなかった．これらの現象は，言語発話における音韻計画過程に音韻ループ内の情報が影響したことを示唆している．つまり，一方（音韻ループ）への操作がもう一方（言語産出）に影響することを実証した研究である．さらにこの解釈を補強する結果として，各参加者が別に遂行した記憶課題の成績（音韻ループが必要な課題）と，この実験で誘導された言い間違いの量が正に相関を示していた．この結果から，言語発話における音韻計画過程は音韻ループに支えられていると解釈できる．

その後，中山と齊藤（Nakayama and Saito, 2014）は実験で誘導された言い間違いと，音韻性作動記憶におけるエラーが類似しているかどうかを調べた．具体的には，時間的距離原則（temporal distance principle）と端性原理（edge principle）の 2 点に着目した（図 6.5）．前者の時間的距離原則は，時間的に近接した情報同士（音同士）は，よく似た表象として音韻計画され，それゆえに混同しやすいという原則である．作動記憶におけるこの原則は，ボトヴィニッ

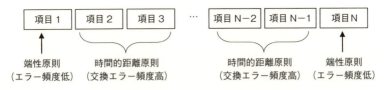

図 6.5 作動記憶（a）と単語発話（b）における時間的距離原則，端性原則

クとプラウト（Botvinick and Plaut, 2006）がニューラルネットを用いて分かりやすく視覚化している．彼らはモデルに系列再生を学習させた後，各系列位置の刺激を入力した際の内的表象（活性化パタン）を図示した．結果，系列位置が近い刺激同士（例：位置2と位置3）ほど，内的表象がよく似ていた．このことは，近接位置同士では混同しやすく，交換エラーが起きやすいことを意味している．では，言い間違いにおいても同様の時間的距離原則が当てはまるだろうか．中山と齊藤（Nakayama and Saito, 2014）は，単語を用いた発話においても同様に，単語内で近接した音同士で交換エラーが起きやすいことを実証した．つまり，作動記憶と発話における音韻計画過程に共通性があることを示唆している．

　次は，後者の端性原理である．系列記憶課題では，系列の両端にある情報は示唆性が高く，記憶成績が高いことが知られている（系列位置効果：serial position effect）．これは単語の言語産出でも同様であり，単語における両端の音韻情報（単語の最初と最後の音）が間違った位置に産出される言い間違いは誘導しづらいことを中山と齊藤（Nakayama and Saito, 2014）は実証した．つまり，単語を用いる言語産出においても，複数刺激を用いる音韻性作動記憶課題においても共通して，その音韻計画過程において表象される情報は両端の示差性が高いことを示している．以上から，エラーの質を検討した研究からも，言語産出と音韻性作動記憶との間に共通性があることが示唆されている．

第7節
文法（統語規則）学習と作動記憶の制約

　これまでは単語の学習や使用について紹介してきたが，次に文法（統語規則）学習について紹介する．文法学習は，後述の過去時制屈折と並んで，言語のモジュール性に関する議論が頻繁に交わされてきた領域の1つである．上述のとおり，チョムスキー（Chomsky, 1980）をはじめとする生成文法の立場においては，ヒトは「普遍文法」という比較的独立した（≒モジュール的な）能力を生来的に有しており，この能力のお蔭で各言語に個別の文法を学ぶことができるとされてきた．しかし，エルマンら（Elman, 1993；Elman et al., 1996）は，生得的かつモジュール的なメカニズムを仮定しなくても，文法を獲得できることを示した．彼は再帰型ニューラルネット（図6.6（a））を用い，「文内の単

語を順番に呈示し，その都度，次の単語を予測する」という課題を学習させた．言語学習のモデルとして系列予測課題を用いることは，正解信号に関する批判を比較的うまく解決できるからである．ニューラルネットに対する批判の1つとして，「モデルがある能力を獲得するために学習する際には正誤判定を受け取るが，人間の発達・学習の場合は，反応に対して常に正誤判定を受け取っているわけではない」という問題がある．しかし，系列予測であれば，人間も常に正誤判定を受け取っているとみなすことができる．次の単語（入力）を聞けば，必然的に直前に行った予測への正誤判定になるからである．つまり，人間とモデルとの学習状況の乖離が比較的小さく，最近の計算機モデル（例えばElman and McRae, 2019）でもよく用いられている．

興味深いことに，このモデルは単に次の単語を予測しているだけにもかかわらず，「文法（統語）」と呼べる知識を自然と獲得していたことが分かった．例えば，図 6.6 (b) は，*boy chases boy, boy sees boy, boy walks*，という3つの文を処理している際の各単語の内的表象（活性化パタン）を図示している（主成分分析を用いており，空間上で近い単語は内的表象が似ていることを示す）．結果として，主語（名詞），述語（動詞），目的語（名詞）が空間上でうまく分かれており，各単語の品詞グループを「区別」し「理解」していることが分かる．また，図 6.6 (c) は，*boy chases boy (and) boy who chases boy who chases boy* という，「単文＋2重埋め込み文」を処理しているときの内的表象である．

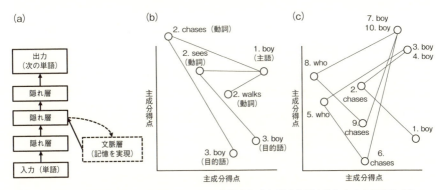

図 6.6 (a) モデル構造 (b) 品詞ごとのモデルの内的表象 (c) 単文と埋め込み文の内的表象（Elman, 1993 をもとに作成）
(b) (c) の数字は文内の単語順を表す．

ここでも，名詞，動詞，関係代名詞がグルーピングされている．しかも，最初の単文（*boy chases boy*）を処理している際の内的表象は空間上の右側に位置している一方，後半の2重埋め込み文の場合は左側に位置している．ここから，文の統語的構造も「区別」し「理解」していることが分かる．

　ここで強調したい点として，このモデルには，文法・統語的知識に特化したメカニズム，計算原則，正解信号は一切組み込まれていなかった．あくまで，神経発火を模した一般的な計算原則を用い，次の単語を予測するように学習しただけである．言い換えると，モジュール性，生得性をモデル上に実装していない．それにもかかわらず文法知識が自然と獲得されたのである．

　さらに，記憶との関連という意味で重要な示唆がある．このモデルが次の単語を学習する（かつ，自然と文法知識を獲得する）ためには，「子どもの限られた記憶容量」を実装する必要があることが分かった．この点について説明するために，まず，子どもが接する言語環境を考えてみよう．大人は対乳幼児発話（infant-directed speech: IDS）を使うことはあるものの，子どもが受け取る言語情報は，必ずしも短い単文ばかりではない．直接の会話はもちろん，TVなどにおいて，長く複雑な文も使われている．つまり，主語と述語が離れているため主述関係が分かりづらい文章にも子どもは沢山接するのである．ところで，子どもの作動記憶容量は大人と比べて比較的限られている（Alloway and Alloway, 2010）．では，そのように限られた記憶容量を持つ子どもは，どうやって時間的に離れた主述関係（統語知識）を把握していくのだろうか．ここでエルマンのモデルが明らかにしたことは，作動記憶容量が小さいからこそ，統語知識を学習できるという逆説性（小さく始めることの重要性）であった．具体的には，エルマンは学習開始時のモデルの記憶容量をわざと小さくし，子どもの小さい記憶容量を模した．すると，学習初期のモデルは，長い文章があっても常に一部のみ（記憶が及ぶ範囲のみ）注目することになる．つまり，時間的に離れた主述関係についてはあたかも無視するかのように振る舞い，近接した主述関係のみに集中して学習を遂行することができる．その後，徐々にモデルの記憶容量を広げていくと，自然と長い文章全体も注目するようになり，時間的に離れた主述関係も理解しようとする．ここで，すでに時間的に近接した主述関係の学習が進んでいるため，そこで獲得した知識をベースにして，時間

的に離れた主述関係の学習を進められることが分かった. この結果が示唆していることは, 子どもの持つ限られた記憶容量, すなわち記憶システムの制約そのものが, 文法学習に重要であるということである. つまり, 言語学習と作動記憶の密接な関係を示唆している.

ただし, その後, ロードとプラウト (Rohde and Plaut, 1999) は, 必ずしも記憶システム上の制約をモデル上に表現しなくても, モデルの文法学習がうまく進むことを示した. エルマン (Elman, 1993) との結果の違いは, 現実の英語の構造をより正確に捉えるように, モデルが受け取る言語環境 (学習に用いるコーパス) を改善した点であった. この結果を踏まえると, エルマンが明らかにした, 「文法知識獲得における記憶システムの制約の必然性」についてはまだ議論の余地がある. しかし, エルマンのもう1つの示唆である, 「文法知識獲得に関して, 生得的かつモジュール的なシステムを仮定する必要がない」という点はロードらも支持している. よって, 言語の自律性への反証という点では, エルマンの知見はまだ妥当といえるだろう.

||||||||||||||||||||||||||||||||| **第2部　今後の展望** |||||||||||||||||||||||||||||||||

第8節
計算機モデル：領域普遍的メカニズムか領域特異的メカニズムか

ここまでは, 情報を一時的に保存する作動記憶と言葉の関係について概観してきた. 最初に述べたように, 言葉は長期記憶として蓄えられているため, 言葉と長期記憶の関係は明白である. しかし, どのようなメカニズムで長期記憶が言語活動を支えるのかについては明白ではなく, 今日まで議論が続いている. 特に, 個々の言語活動を実現するためには, 当該の言語活動に特化した領域特異的メカニズムが必要か, あるいは領域普遍的メカニズムの活動によって言語活動が実現され得るか, という論争である.

様々な言語活動を題材としてこの論争が交わされてきたが, 特に顕著な事例としては英語の過去時制屈折 (past-tense inflection) が挙げられる. 母語話者は, -ed をつけるという規則的な過去形と, *take-took* のように例外的な過去形の両方を使いこなすことができるが, どのような認知メカニズム (特に長期記憶) がそれらの運用を支えているのだろうか. まず, ピンカーやウルマン

(Pinker, 1991；Pinker and Ullman, 2002) に代表されるシンボリックモデル派
は, 規則的な過去形は規則 (rule) の運用によって支えられ, 例外的な過去形は,
語彙 (lexicon) によって支えられていると仮定する. 後者の「語彙」とは「こ
の単語の場合は〜である」と, 当該の単語個別の処理を行うメカニズムであり,
当然, 例外的であっても各単語個別の処理が可能になる. 一方, 「規則の運用」
というメカニズムは, 領域特異的な知識 (長期記憶) の存在を仮定している.
なぜならば, -ed をつけるという規則は, 過去時制屈折以外の言語・認知活動
において関係のない知識だからである.

　しかし, 領域ごとに特異的な知識 (長期記憶) を仮定して言語モデルを構築
することは, 節約性の原理に反している. この点を強調し, 領域普遍的なメカ
ニズムを仮定して言語機能 (や認知機能一般) を説明しようと考えるのが, ラ
メルハートやマクレランドを代表とするコネクショニスト・創発論者の立場で
ある (McClelland et al., 2010). この立場では, 過去時制屈折に特異的な知識
(例：-ed をつけるという規則) は一切モデル上に組み込まれない. そうでは
なく, 音韻システム, 視覚システム, 意味システムなどのように, 言語以外の
認知活動にも使われる普遍的なシステムの相互作用の結果, 私たちが言語活動
と呼ぶ機能が創発してくると考える. つまり, 規則的なパタンも例外的なパタ
ンも, 異なるメカニズムや処理原則を仮定することなく, いずれも同じシステ
ムで処理されるのである. 本当にそのようなことが可能なのだろうか？　ここ
で, 机上の空論で終わらせないために必要なアプローチが, 計算機モデルであ
る. 実際に, ジョアニッセとサイデンバーグ (Joanisse and Seidenberg, 1999)
は, 音韻処理システムと意味処理システムといった, 領域普遍的なメカニズム
のみを計算機モデル内に実装し, それらの相互作用のみで健常者と脳損傷患者
の過去時制屈折成績を再現してみせた. つまり, 領域特異的な知識 (つまり規
則) を仮定する必要はない, ということである.

　このような, 言語を支える知識 (長期記憶) の領域普遍性・領域特異性につ
いては, 様々な言語活動を題材として論争が交わされてきた. 過去時制屈折の
ほかに有名な題材としては, 単語音読 (第5節参照) という言語能力が挙げら
れる. 単語音読にも, 綴りと発音の関係が規則的なパタンと例外的なパタン(例:
mint vs. *pint* や, *few* vs. *sew* や, *shoot* vs. *blood* など) がある. この場合, 音

読に特異的な知識とは，「int という綴りは [ínt] と発音することが多い」という統計的規則であり，一般的には「書記素と音素の対応規則（grapheme-phoneme correspondence rule)」と呼ばれる．当然，この知識も音読に特化した領域特異的なメカニズムである．そこで，単語音読の分野でも，この領域特異的なメカニズムがなければいけないという立場（Coltheart et al., 2001）と，領域特異的な知識がなくても単語音読を実現可能であるというコネクショニスト（Plaut et al., 1996）との論争が交わされてきた．参考までに，日本語の単語音読についても同様の論争がなされてきたが，健常者と失読症患者の音読成績を適切に再現できているモデルは限られており，そのモデルは領域普遍的なメカニズムを仮定している（Ueno et al., 2018）．以上のとおり，21 世紀に入ってから，言語機能を成り立たせている認知メカニズムの理解を進めるための計算機モデル研究が盛んになってきた．この流れは，深層学習アプローチの運用が整ってきた今日では，さらに盛んになっていくと思われる．

第9節
現存する言葉の構造と記憶システムからの制約

　最後に，現存する言語の構造に，人間の記憶システム上の制約が与える影響を紹介したい．まず，言語を文化的進化の結果と考える立場について説明しよう．ある集団において使用される言語は，世代ごとに受け継がれてきたものである．当然のこと，次世代の話者が学習できない言語は継承されることがない．したがって，言語は世代間伝達の過程で学習可能性（learnability）が最大化するように，変化・構造化してきたのではないかと言語進化研究は考えるのである（Kirby et al., 2008）．言い換えると，ヒトが学習できるかどうかという選択圧の結果として，学びにくい言語的特徴は淘汰されてきたということである．

　この考えに基づくと，音韻システムや視覚システムなど，言語処理に関わる各システムにとって学びにくい特徴（例：馴染みのない音韻情報など）は淘汰され，現在の言語環境の中には存在していないと予測することができる．しかし実際は，現在の言語の中に学びにくい特徴（低音素配列頻度の言葉など）が存在している．そこで谷田と齊藤（Tanida and Saito, 2022）は，各システムにとって学びにくい特徴は，別のシステムによって支えられることによって，

現在の言語環境の中で淘汰されずに「生存」することができているのではないかと考えた.

　では,その別のシステムとは何だろうか.ここで,これまで紹介した計算機モデルを振り返ってみる.コネクショニスト・創発論者は,音韻処理システム,意味処理システム,視覚処理システムといった領域普遍的なシステムが相互作用することで,言語機能が創発的に現れてくることを示した.これらのモデルの多くは,音韻処理システムなどの各モダリティシステムと,意味処理システムとの間に,相互補完的な関係を仮定している.例えば,プラウトら(Plaut et al., 1996)の単語音読モデルでも,視覚(文字)処理システムや音韻処理システムにとって処理しづらい単語の音読は,当該単語の意味処理システムによって支えられることが示されている.また,本章に特に関係する記憶も同様である.音韻性作動記憶の成績は,単語の意味表象によって支えられることが知られている(Gupta and Tisdale, 2009).すると,音韻システムにとって処理が容易ではない単語(例:聞き慣れない音の単語)は,淘汰される代わりに意味システムによって支えられて「生存」しているのではないかと谷田ら(Tanida and Saito, 2022)は考え,現存する言語コーパスを分析した.その結果,「音素配列頻度(第4節参照)が低い単語など,音韻システムにとって処理が容易ではない単語は,心象性(imageability)などの意味に関連した値が高い(意味システムに支えられている).逆に,心象性が低い単語は意味システムの寄与が低いため,音素配列頻度が高いなど,音韻システムにとって保持しやすい形式を持っている」という関係を発見した.心象性とは,単語の属性の1つであり,その単語が指し示す事象の感覚的な想起がどれくらい容易かを表している.よって,意味に関連した指標の1つとされる.

　この結果は,現存する言語が,人間の記憶システムの制約を反映していることを示唆している.人間の音韻性作動記憶の容量は有限であり,どのような情報でも容易に処理できるわけではない.例えば,当該言語にとって聞き慣れない音情報(例:低頻度音素配列情報)はうまく処理できない.そのような制約は選択圧となって,低頻度音素配列を含む単語は淘汰される可能性がある.しかし,そのような音韻処理システムの制約は,意味処理システムとの相互作用によって支えられる.よって,意味処理システムによってよく支えられている

単語（具体性・心象性の高い単語）は，音韻処理システムにとって処理が容易でなくとも，選択圧から生き延びることができる．結果として，「単語の音素配列頻度と心象性との間に負の相関がある」といった構造が言語の中に出来上がるのである．これは，ヒトが有する認知システムの制約・処理特徴が，現存する言語の構造に与える影響を客観的に示した研究といえよう．

谷田ら（Tanida and Saito, 2022）の研究と関連して「子どもの記憶システムの制約が，逆説的に文法獲得に正の効果を持つ」というエルマン（Elman, 1993）の研究を思い出してほしい（第7節参照）．これらのように，人間の記憶システム，認知システムの特徴・制約が明らかになるにつれ，人間が使っている言語構造そのものや，言語の獲得・運用を支える認知メカニズムがさらに解明されてくると期待される．

推薦図書

第1部で取り上げた作動記憶と言語との関係については，"*Working Memory and Language*"（Gathercole and Baddeley, 1993b）が詳しい．この本を説明した邦語論文としては，齊藤（1997）が挙げられる．最近では，『ワーキングメモリの探究—アラン・バドリー主要論文集』（Baddeley, 2017［佐伯・齊藤（監訳），2020]）においてバッデリーの代表論文が邦訳されている．第2部で取り上げた計算機モデルや，言語の生得性，領域特異性／普遍性の議論については，『認知発達と生得性—心はどこから来るのか』（Elman et al., 1996［乾ほか（訳），1998]）や McClelland et al.（2010）が挙げられる．

文　献

Alloway, T. P. and Alloway, R. G. (2010) Investigating the predictive roles of working memory and IQ in academic attainment. *Journal of Experimental Child Psychology* **106** (1): 20-29.

Anthony, J. L. and Francis, D. J. (2005) Development of phonological awareness. *Current Directions in Psychological Science* **14**(5): 255-259.

Atkinson, R. C. and Shiffrin, R. M. (1968) Human Memory: A Proposed System and Its Control Processes. In K. W. Spence and J. T. Spence (eds.) *The Psychology of Learning and Motivation: Advances in Research and Theory, Vol. 2*, pp. 89-195, Academic Press.

Baddeley, A. D. (2017) *Exploring Working Memory: Selected Works of Alan Baddeley*, Routledge.［バッデリー，A. D.（著），佐伯恵里奈・齊藤　智（監訳），前原由喜夫・上野泰治（訳）(2020)『ワーキングメモリの探究—アラン・バドリー主要論文集』北大路書房.]

Baddeley, A. D. and Hitch, G. J. (1974) Working Memory. In G. A. Bower (ed.) *The Psychology of Learning and Motivation: Advances in Research and Theory, Vol. 8*, pp. 47-89, Academic Press.

Baddeley, A. D. et al. (1988) When long-term learning depends on short-term storage. *Journal of Memory and Language* **27**(5): 150-163.

Botvinick, M. M. and Plaut, D. C. (2006) Short-term memory for serial order: A recurrent neural network model. *Psychological Review* **113**(2): 201-233.

Brunswick, N. et al. (2012) Early cognitive profiles of emergent readers: A longitudinal study. *Journal of Experimental Child Psychology* **111**(2): 268-285.

Chomsky, N. (1980) Rules and representations. *Behavioral and Brain Sciences* **3**(1): 1-61.

Coltheart, M. et al. (2001) DRC: A dual route cascaded model of visual word recognition and reading aloud. *Psychological Review* **108**(1): 204-256.

Conrad, R. and Hull, A. J. (1964) Information, acoustic confusion and memory span. *British Journal of Psychology* **55**: 429-432.

Ellis, N. and Large, B. (1988) The early stages of reading: A longitudinal study. *Applied Cognitive Psychology* **2**(1): 47-76.

Elman, J. L. (1993) Learning and development in neural networks: The importance of starting small. *Cognition* **48**(1): 71-99.

Elman, J. L. and McRae, K. (2019) A model of event knowledge. *Psychological Review* **126** (2): 252-291.

Elman, J. L. et al. (1996) *Rethinking Innateness: A Connectionist Perspective on Development (Neural Network Modeling and Connectionism)*, A Bradford Book/The MIT Press. [エルマン, J. L. ほか (著), 乾 敏郎ほか (訳)(1998)『認知発達と生得性—心はどこから来るのか』共立出版.]

Gathercole, S. E. (1995) Is nonword repetition a test of phonological memory or long-term knowledge? It all depends on the nonwords. *Memory & Cognition* **23**: 83-94.

Gathercole, S. E. and Baddeley, A. D. (1993a) Phonological working memory: A critical building block for reading development and vocabulary acquisition? *European Journal of Psychology of Education* **8**(3): 259-272.

Gathercole, S. E. and Baddeley, A. D. (1993b) *Working Memory and Language*, Lawrence Erlbaum Associates.

Gathercole, S. E. et al. (1991) Differentiating phonological memory and awareness of rhyme: Reading and vocabulary development in children. *British Journal of Psychology* **82**(3): 387-406.

Gathercole, S. E. et al. (1992) Phonological memory and vocabulary development during the early school years: A longitudinal study. *Developmental Psychology* **28**(5): 887-898.

Gupta, P. and Tisdale, J. (2009) Word learning, phonological short-term memory, phonotactic probability and long-term memory: Towards an integrated framework. *Philosophical Transactions of the Royal Society B: Biological Sciences* **364**: 3755-3771.

Joanisse, M. F. and Seidenberg, M. S. (1999) Impairments in verb morphology after brain injury: A connectionist model. *Proceedings of the National Academy of Sciences of the United States of America* **96**(13): 7592-7597.

Johnston, R. S. (1982) Phonological coding in dyslexic readers. *British Journal of Psychology* **73**(4): 455-460.

Kirby, S. et al. (2008) Cumulative cultural evolution in the laboratory: An experimental approach to the origins of structure in human language. *Proceedings of the National Academy of Sciences of the United States of America* **105**(31): 10681-10686.

Klapp, S. T. (1974) Syllable-dependent pronunciation latencies in number naming: A replication. *Journal of Experimental Psychology* **102**(6): 1138-1140.

Levelt, W. J. M. (1992) Accessing words in speech production: Stages, processes and representations. *Cognition* **42**(1-3): 1-22.

Logie, R. H. (2011) The functional organization and capacity limits of working memory. *Current Directions in Psychological Science* **20**(4): 240-245.

MacKay, D. G. (1970) Spoonerisms: The structure of errors in the serial order of speech. *Neuropsychologia* **8**(3): 323-350.

McClelland, J. L. et al. (2010) Letting structure emerge: Connectionist and dynamical systems approaches to cognition. *Trends in Cognitive Sciences* **14**(8): 348-356.

Melby-Lervåg, M. et al. (2012) Nonword-repetition ability does not appear to be a causal influence on children's vocabulary development. *Psychological Science* **23**: 1092-1098.

Nakayama, M. and Saito, S. (2014) Within-word serial order control: Adjacent mora exchange and serial position effects in repeated single-word production. *Cognition* **131**(3): 415-430.

Pinker, S. (1991) Rules of language. *Science* **253**: 530-535.

Pinker, S. and Ullman, M. T. (2002) The past and future of the past tense. *Trends in Cognitive Sciences* **6**(11): 456-463.

Plaut, D. C. et al. (1996) Understanding normal and impaired word reading: Computational principles in quasi-regular domains. *Psychological Review* **103**(1): 56-115.

Rohde, D. L. T. and Plaut, D. C. (1999) Language acquisition in the absence of explicit negative evidence: How important is starting small? *Cognition* **72**(1): 67-109.

齊藤　智 (1997)「音韻ループ研究の展開─神経心理学的アプローチと実用的アプローチからの検討」『心理学評論』**40**(2)：188-202.

Saito, S. and Baddeley, A. D. (2004) Irrelevant sound disrupts speech production: Exploring the relationship between short-term memory and experimentally induced slips of the tongue. *Quarterly Journal of Experimental Psychology Section A: Human Experimental Psychology* **57**(7): 1309-1340.

Shallice, T. and Warrington, E. K. (1970) Independent functioning of verbal memory stores: A neuropsychological study. *The Quarterly Journal of Experimental Psychology* **22**(2): 261-273.

Shankweiler, D. et al. (1979) The speech code and learning to read. *Journal of Experimental Psychology: Human Learning and Memory* **5**(6): 531-545.

Snowling, M. et al. (1986) Segmentation and speech perception in relation to reading skill: A developmental analysis. *Journal of Experimental Child Psychology* **41**(3): 489-507.

Snowling, M. et al. (1991) Words, nonwords, and phonological processes: Some comments on Gathercole, Willis, Emslie, and Baddeley. *Applied Psycholinguistics* **12**(3): 369-373.

Sternberg, R. J. (1987) Most Vocabulary Is Learned from Context. In M. McKeown and M. Curtis (eds.) *The Nature of Vocabulary Acquisition*, Lawrence Erlbaum Associates.

Tanida, Y. and Saito, S. (2022) Predicting the structure of a lexical environment from properties of verbal working memory. *Cognitive Science* **46**(8): e13181.

Ueno, T. et al. (2018) The ventral anterior temporal lobe has a necessary role in exception word reading. *Cerebral Cortex* **28**(8): 3035-3045.

第7章

楠見　孝・平　知宏

ことばと思考

◆キーワード
心的表象，推論，類推，概念，メタファ，批判的思考

　本章では，思考を中央システムにおける心的表象の変換と捉え，言語とイメージにより構成される心的表象について述べる．そして，言語と思考に関わる4つのトピックについて概観する．第1に，言語が支える推論として，演繹的推論における言語表現を手がかりにした誤りや，帰納的推論におけるカテゴリとの関わりについて解説する．さらに，柔軟で創造的な思考に関わる類推について，メタファの土台となることも含めて述べる．第2に，思考と言語理解を支える概念の構造や機能について解説する．第3に，概念の比喩的拡張とそれを支えるイメージ的表象について述べる．そして，最後に，言語を通しての理解において，論理的で偏りのない判断をするための批判的思考について検討する．

第1部　現在までの流れ

第1節
思考を支える心的表象

　人を情報処理のシステムと捉えると，思考は，図7.1に示す中央システムにおけるはたらきに位置づけることができる．入力分析システムでは，話を聞いたり文章を読んだりするなど，言語を通して，情報を獲得する．そして，中央システムでは，言語的な情報と知識を使って，思考，すなわち，推論・判断した結果を，言語的な知識として蓄積し，利活用する．そして，出力システムで

入力分析システム → 中央システム → 出力システム
　　［感覚・知覚］　　　　　［思考］　　　　　［行為］
　言語（読む，聞く）　　推論，判断　　言語（話す，書く）
　　　物理的刺激　　　　　心的表象　　　　　　運動
　　　社会的刺激　　　　言語的知識
　　　　　　　　　　　　態度・信念

図7.1　3つのシステムにおける言語と思考

は，中央システムにおいて，思考をした結果を，他者に伝えるために，話したり書いたりすることが大きな部分を占めている．心理学では，特に，この4つの言語活動（読む，聞く，話す，書く）を支えている認知の3つのシステムや心的表象（mental representation），言語的知識について，具体的には，単語，概念，文，比喩の理解を，実験や調査などによる実証的データを用いて検討している（楠見，2019）.

　思考とは，生得的行動による反射や習得的行動などでは対処できない認知活動を指す．思考それ自体は，心理学や認知科学において，人間が社会生活を行う上での広い意味での推論，問題解決や意思決定を必要とするような複雑な心的過程を前提とした人間の機能であると考えられている．こうした思考機能は，学習や記憶だけでなく，「ことば（言語）」の理解においても重要な役割を果たすとされている．「ことば」の理解は，それ自体の文法・形態的な情報に限らず，ことばそのものが特定の社会・文化の中において示す「意味」そのものを心内で扱うことが重要になってくる．そのため，言語使用者が有する一般的な知識を活用して，「ことば」が使われている環境的な条件と照合して，推論するなど，心内で様々な過程を必要とすると考えられる．一方でこうした思考そのものに注目した場合，心内における情報の操作という考え方が必要となってくる．

　情報の心的操作は，心的表象が支えている．心的表象とは，外部の環境（世界）の事物などを，感覚・知覚系を通して入力した上で，心内で操作できるように変換した情報の単位である．例えば，「りんご」という物体であれば，私たちは視覚情報として {赤さ} を理解しつつ，触覚や味覚などで {硬くて丸い}{甘い味がする} など，各種経験を通じて得たそのものについての特性情報を，/りんご/ というラベルのもとに統合して理解していると考えられる．こうした情報は，心的「表象」というとおり，外界のりんごそれ自体とは異なり，人間自身が心内で扱うために表現された『りんご』という情報である点に注意する必要がある．そのため，心的表象としての『りんご』は，私たち人間の解釈や知識などのフィルターを通すことから，必ずしも外界の「りんご」それ自体と同じものであるとは限らない．

　こうした心的表象には3つのタイプ，(a) 実際の感覚・知覚に基づくイメージ的（アナログ）表象，(b) 言語的シンボル列に変換可能で，かつ情報の真

偽性に基づく命題的表象，（c）外界の対象や問題の構成要素の関係・構造に基づくメンタルモデルがある．

（a）イメージ的表象

イメージ的表象（image representation）とは，人間の五感に基づく各種情報により変換・統合された心的表象の一側面である．先ほどの『りんご』の例であれば，視覚を通じて得た「りんご」の各種視覚的特性｛赤い｝｛丸い｝や触覚的特性｛硬い｝，味覚的特性｛甘い｝を心内にて理解している状態である．イメージ的表象は，連続的かつ具体的であることが特徴であり，心内のイメージではあるものの，それ自体を情報として扱う際には，現実世界において情報が示す実体そのものを操作するのとほぼ変わらないコストを有するという特徴がある．そうした特徴を示す心理実験例として Zwaan et al.（2002）における知覚的シミュレーションが挙げられる．この実験では，「卵が冷蔵庫にある」という「割っていない卵」の形状を思い浮かべさせる文を読解後，2つの図形（割った卵あるいは割っていない卵）のいずれかを提示し，それが文中で言及されたかどうかをできる限り素早く判断させるものである．この実験の結果，文が示す物体と提示画像の物体の一致する条件の方が，不一致条件よりも判断時間が短かった．すなわち，読者は，文読解時に要求される『卵』の実態に近しいイメージ的表象を知覚的にシミュレーションしている可能性があることが示された．さらに，西口・楠見（2018）は，文の産出時においても同様の現象が起こることを見出している．

（b）命題的表象

命題的表象（propositional representation）とは，真偽判断が可能な最小の意味単位で理解を構成する表象の集合である．例えば私たち自身が持つ『りんご』それ自体の知識については，「りんごは　赤い」「りんご　は　丸い」「りんご　は　硬い」などのように，「りんご」それ自体を主語・項（argument）として，｛赤い｝｛丸い｝｛硬い｝などの各種情報を，述語（predicate）として整理した上で理解していることになる．その結果として，「りんごは赤いですか？」と問われたとき，主語・項に紐づく述語情報に応じて，『りんご』それ自体の情報として正しいものかどうかが判断できるようになっている．命題的表象は言語で理解している状況とは限らず，言語化されていなくとも，人間自

身の対象に対する事実認識として「そうであるかそうでないか」といった情報の単位である点に注意が必要である．また主語・項と述語の関係性は一対一対応でなく，かつ1つの主語・項は，別の主語・項とも共有する述語を有し得る．そのためこうした命題的表象については，心理学や言語学などを含む認知科学全般において，ネットワークなどの相互が関係し合う状況を表現できる形式を用いて，研究対象として扱うことがある．一例として，Collins and Quillian (1969) による意味ネットワークモデルなどが挙げられる．この研究では，私たちの持つ概念（例えば『鳥』という概念）を表象として扱う際，その単一の概念で理解が成立しているわけではなく，他の事物との複雑な関係（鳥は動物カテゴリの一例であり，鳥が {羽を有する} という特徴を持つのであれば，鳥カテゴリに該当するカナリヤやコマドリも同じく羽を有する）から成立していると捉えることができる．こうした関係性には，鳥-カナリヤ・コマドリ間のような上位-下位（クラス包含）関係がある．

(c) メンタルモデル

　以上のようなイメージ的表象と命題的表象の両方と関わるのが，(c) 外界の対象や問題の構成要素の関係・構造に基づくメンタルモデルである．メンタルモデル（mental model）は，外界の対象や状況（例：物の配置，人工物，組織），物理学や数学などの問題（例：電気回路），三段論法，談話などの構成要素の関係・構造についての心的表象であり，イメージ的性質と命題的性質を持ち得る．メンタルモデルは心的操作や心的シミュレーションの結果として，様々な形で文章読解における推論や予測，問題解決を可能にするものである．例えば，新しい電子機器を購入して，そのマニュアルを読むことで，機器操作を理解するときを考えてみる．機器操作がスムーズにできるようになるには，マニュアルを読みながら，機器の内部の構造と操作の手順についての適切なメンタルモデルを内的に生成することが重要である．機器の操作は，究極的にはイメージとしてどういった形状をしているのか，内部でどういった部品同士が関連し合い，どういった仕組みで動き得るのかなど，統合的な理解が完成し，それにより，機器の次の操作を予測したり，故障や状況が変化したときに的確な対処が可能となったりするだろう（例えば，海保ほか，1987）．メンタルモデルとは，このようにある問題や事象に対して，複合的な要素から成立する情報の総体で

あると考えるとよいだろう．

第2節
言語が支える推論

推論とは，利用可能な情報（前提や事実）から，規則，過去経験や心的表象に基づいて，結論や新しい情報を導く思考過程である．ここで，情報は，知識や命題などが言語によって，支えられていることが多い．推論は，論理学や心理学の研究史の中で，演繹的推論と帰納的推論に区別されてきた．演繹的推論は，複数の前提を正しいと仮定したときに，必ず論理的に正しい結論を導く推論である．一方，帰納的推論は，既知の前提や事実から不確かさを伴う結論を導く推論である．両推論の区分は歴史的背景によることが多く，定義の上でもプロセスの上でも必ずしも有効ではない．日常の推論では，両推論は相互作用しながら行われることがある．

（a）演繹的推論

演繹的推論（deductive inference）は複数の前提から結論を導く推論であり，論理学によって形式化されている．演繹的推論には定言（定言文に関する）推論と仮説（条件文に関する）推論がある．結論は必然的に導出でき，演繹的妥当性に照らして判断できる．最も代表的な，2つの前提から1つの結論を導く定言的三段論法は，（1）のように言語表現される形式を持つ．

(1) すべての人間は死ぬ　　　　　（大前提）

　　ソクラテスは人間である　　　（小前提）

　　ゆえに，ソクラテスは死ぬ　　（結論）

ほかには，仮言的三段論法（もしAならばBである．Aである．ゆえにBである），選言的三段論法（例：AまたはBである．Aである．ゆえにBでない），線形三段論法（PはQよりも大．QはRよりも大．ゆえにPはRよりも大）などがある．

演繹的推論には，① 命題の性質である前提の真偽に関わりなく，前提として認めれば，結論は必然的関係に基づいて導出される，② 結論は背景知識を含む前提の中から導出するだけで，論理的新しさを与えない，③ 前提を追加しても結論は不変でよいという特徴がある（帰納的推論（本節（b）参照）は

逆の特徴を持つ).

　人は，こうした演繹的推論を含む形式的推論課題においては誤りやすいパタンがある.

　第1は，言語表現を手がかりとした形式的誤りである．形式的誤りの代表は，雰囲気効果と呼ばれる現象である．(2) や (3) のように前提と結論の形式（全称／特称，肯定／否定）が合致すると推論が妥当だと判断されやすい．また，前提に否定が含まれていると否定結論が選ばれやすい（「すべての A は B でない」，「すべての B は C でない」，ゆえに「すべての C は A でない.」しかし，2つの前提がともに否定命題であるときは結論を導けない）．前提に否定が含まれていないときは一般に，肯定結論が選ばれやすい．さらに，(3) のように前提に特称限量詞「ある…」を含んでいると特称限量詞「ある…」の結論が選ばれやすい．そうでないときは全称結論「すべての…」が選ばれやすい．

　妥当でない変換（換位）(illicit conversion) とは，前提の逆を真だと判断する誤りである．「すべての A は B である」（全称肯定）は「すべての B は A である」と判断されやすい．しかし，「すべてのイヌはペットである」としても「すべてのペットはイヌである」と判断することは誤りである．また，「ある A は B でない」（特称否定）は「ある B は A でない」と判断されやすい．しかし，「ある動物はネコでない」としても「あるネコは動物でない」とはいえない．「逆は真ならず」ということばがあるのは，こうした誤りを人がおかしやすいからである．

　第2は，内容的誤りである．これは，事実や信念，期待に合致する（しない）前提や結論は，推論が妥当である（でない）と判断されやすいことを指す．これは，文脈や背景知識の影響を受ける文脈依存性や知識の領域固有性による制約を受けることを示している．

(2) すべての大学生（A）は機械（B）である　（大前提）
　　すべての機械（B）は　食物（C）である　（小前提）
　　すべての大学生（A）は食物（C）である　（結論）

(2) は，前提，結論とも偽であるが，推論形式は妥当である．しかし，(2) は，2つの前提や結論は，事実と合致しないため，推論形式が妥当でないと判断さ

れやすい（なお，これは形式が妥当でも，前提が偽ならば，正しい（真）結論は得られない例である）．すなわち，（2）のように前提や結論が，事実や期待に合致しないときは，推論形式が妥当でないと判断されやすく，次の（3）のように合致するときは，推論形式が妥当であると判断されやすい．事実，常識，信念や期待に合致する前提や結論は，推論が妥当と判断されやすいことを信念バイアスと呼ぶ．

(3)　ある受講者（A）は男子学生（B）である　　（大前提）
　　　ある男子学生（B）は勉強家（C）である　　（小前提）
　　　─────────────────────────
　　　ある受講者（A）は　　勉強家（C）である　　（結論）

（3）は前提，結論は真である．しかし，結論は妥当でない．2つの特称前提からは何も演繹できない．なお，（2）と（3）は，前述の雰囲気効果（形式の合致）の影響も働いている．

人間の推論には，（2）や（3）のように事実，常識，信念や期待などの影響を受ける文脈依存性や知識の領域固有性がある．したがって，結論の妥当性を判断するには，命題内容を記号P，Qに置き換えたり，真理表，オイラー門図，ベン図を書いて参照するなどの外部リソースである認知的道具の利用が有効である．

(b) 帰納的推論

帰納的推論（inductive inference）は，狭義には，事実から一般化を行う推論を指す．複数の特殊事実から一般的・普遍的法則性を導出する．完全帰納推論とは，前提ですべての事例を挙げて，一般的結論を導くことである（例：前提「火星／水星／木星／金星／土星／天王星／海王星には生命体はいない」→結論「太陽系の地球以外の惑星には生命体はいない」）．一方，不完全帰納推論とは，前提ですべての事例を枚挙せずに，一般的結論を導くことである．多くの帰納的推論は，（4）のような不完全帰納である．

(4)　このレストランのカレーはおいしい　　　　　（前提1）
　　　このレストランのエビフライはおいしい　　　（前提2）
　　　　　　　　　　⋮　　　　　　　　　　　　　⋮
　　　─────────────────────────
　　　ゆえに，このレストランの料理はおいしい　　（結論）

130　　　　　　　　　第7章　ことばと思考

　帰納的推論は，広義には，演繹的ではない，不確かさを伴う推論を指す．例えば，カテゴリに基づく事例の特性の推論，概念形成や規則学習，類推，仮説の生成と検証，確率推論，因果推論，科学的発見，診断などがある．すなわち，一般化や知識の形成・変更に関わる推論である（楠見，1996）.

　帰納的推論は，演繹的推論とは異なり，必ずしも正しい結論を導かない．前提や事実が正しいことは結論の正しい可能性を高めるが，それは確実ではない．(4) のように，肯定的前提が増えれば「蓋然性」（確からしさ）が高まる．このように，帰納的推論が演繹的推論と異なる特徴としては，特定の形式的，抽象的な論理構造がなく，分離可能な推論ステップではなく，連続的特徴を持つことが挙げられる.

　帰納的推論には3つの段階がある．この段階は，概念学習とプロトタイプの形成のプロセスとも対応する（第3節 (a) 参照）.

　第1段階は，事例獲得である．言語的な命題や言明を把握したり，知覚的観察，記憶想起によって，事例情報を収集する．偏りのない多数の事例を収集することが重要である．しかし，人は，少数事例や，偏った事例から過剰一般化（overgeneralization）することがある．特に，想起しやすい事例だけを収集する傾向を，利用可能性（availability）ヒューリスティックという.

　第2段階は，仮説形成であり，事例情報に基づいて，一般化を行うための有効な仮説を立てることである．有効な仮説とは，① 目標に合致し，② 蓋然性が高くなければならない．ここでは，目標や文脈を考慮した実用論的制約（pragmatic constraints）が必要である.

　第3段階は，仮説検証であり，仮説に基づく結論を，観察事実に基づいて評価し，仮説を保持するか，修正するか，棄却して新しい仮説を形成するかを決めることである．枚挙的帰納法では，仮説を確証する事例を集めることになる．この過程では，確証バイアスという，十分な事例に基づかないで，仮説を早く立ててしまい，仮説を反証する事例を無視する傾向に注意する必要がある．そこでとられる方法が，消去法的帰納法である．仮説にあわない事例（反証）によって仮説を棄却していく方法である．確証バイアスを排除できるが，膨大な認知的コストがかかるのが難点である.

　日常的な帰納的推論は，事例の観察に基づいて，一般化を行い，それを新し

第1部　第2節　言語が支える推論　　131

い状況に適用することである．その例としては，① 過去や現在の行動や反応の観察に基づいて一般化して，未来の行動や反応を予測したり，因果を推論する，② 科学的発見や統計的推論において，データ群から数式や構造を導く，③ 診断において，症状から病因を導く，④ あるカテゴリの少数事例の観察に基づいて一般化して，そのカテゴリの他事例に適用したり，カテゴリに基づいて，事例の特性を推論するなどがある．

④は，カテゴリ帰納と呼ばれ，例えば，（5）のような形式を持つ．

(5)			タカは種子骨を持つ	（前提1）
タカは種子骨を持つ	（前提1）		スズメは種子骨を持つ	（前提2）
スズメは種子骨を持つ	（前提2）		ワシは種子骨を持つ	（前提3）
すべての鳥は種子骨を持つ	（結論）		すべての鳥は種子骨を持つ	（結論）

（5）の左側に比べて右側の論証は，結論を支持する肯定的な前提事例（証拠）が増え，網羅性が増すため，結論の蓋然性（もっともらしさ）や確信度が増す．一方，結論を支持しない否定的な前提事例（反証）があると，蓋然性や確信度は低下する．なお，蓋然性を高める証拠の強さの判断は，数だけではなく，その領域の変動性に関する知識が必要である．例えば，一事例でも一般化ができるような物質の性質（電導性など）もあれば，多くの事例がなければ一般化ができない性質（民族の特性）もある．

このように，カテゴリ帰納は，あるカテゴリの少数事例の観察に基づいて，その特徴を一般化（一般帰納）する．逆に，あるカテゴリの事例がある特性を持っていることを知ったとき，そのカテゴリの他の事例も同じ特性を持っているとカテゴリの他事例に一般化（特殊帰納）することもある（楠見，1996）．

経験を帰納する場合は，蓄積した技能や知識，事例を類似性に基づいてカテゴリ化し，その共通性やルールを抽出する（楠見，2002）．ここでは，類似性だけでなく，時間的，空間的な近接性の情報や，共起頻度などの統計情報も利用して，カテゴリやパタン，規則を帰納する．これは，言語における文法規則やカテゴリの学習を支えている．特に，子どもが大人の発話から言語の使い方のパタンを発見し，事物や出来事についてのカテゴリを形成する帰納の能力は，言語獲得を支えている能力である（Tomasello, 2003）．

132　　第7章　ことばと思考

　なお，談話において行われる日常の推論は，談話の構造と内容に依拠している．例えば，「今シーズンはA（チーム）が優勝する（結論）．なぜなら選手たちの調子がよいから（前提）」は，結論とそれを支持する理由や根拠（前提）からなる．ここでは，前提が結論を支持する適切な根拠を持ち，矛盾しないことが大切である．そして，既有知識や文脈が，結論の評価に影響する．

(c) 類　推

　類推（analogy, analogical reasoning）は，未知の状況の問題解決において，既知の類似した状況を利用する推論である．知識を拡張したり形成する思考のため，広義の帰納的推論の1つとして位置づけられる．また，類推は，厳密な論理規則に基づく演繹的推論に対して，類似性に基づく柔軟な推論としても位置づけられる（楠見, 2002, 2010, 2019）．

　類推の認知プロセスは，4段階に分かれる．第1段階では，問題状況（ターゲット）を解決するために，過去の類似経験（ベース）を記憶から想起する．ベースの検索においては，表面（特徴）的類似性だけでなく，構造的類似性も重要な手がかりとして働いている．第2段階では，ベースからターゲットへの知識の対応づけ（写像）によって，両者の特徴や構造を結びつける．ここで，ターゲットを解決するために不足する知識は，ベースから写像して推論する．第3段階は，対応づけ結果の評価である．類推はベースとターゲットが部分的に対応している場合でも成立する柔軟性がある．しかし，両者が部分的対応の場合，ベースからターゲットに知識を写像して推論すると誤ることがある．そこで，表面的な類似性だけでなく，構造的類似性や目標に照らして，類推の適切さを評価する必要がある．例えば，ターゲットである原子構造の振る舞いを説明することを目標として，太陽系をベースで利用する際には，｛太陽の周りを惑星が回る｝ことと｛原子核の周りを原子が回る｝という表面的類似性だけでなく，｛｛太陽（原子核）による惑星（電子）への引力（電荷）｝によって，｛太陽（原子核）の周りを惑星（電子）が回る｝｝という構造的類似性が重要である．第4段階は，学習である．ベースを利用してターゲットを解決した経験は，両者の共通する関係，パタンやルールなどの帰納を通して，抽象的知識（スキーマ）として蓄積される．

　類推は，次に述べるように説明，創造などの認知活動を支える機能がある．

第1部　第3節　思考と言語理解を支える概念　　　133

　第1に，類推は教育における伝達，学習，知識の獲得を支えている．相手の既有知識に基づく類推は，理解しやすい説明を導く．先の例でいえば，原子構造（ターゲット）を太陽系（ベース）の類推で説明することによって，原子核の周りを回る電子の運動は惑星の周回運動に基づいて，推論できる．ここで類推はメンタルモデルの構築や利用を助けている（第1節（c）参照）．さらに，類推は，字義どおりに表現しにくい暗黙知や技の伝達，婉曲的なコミュニケーション（例：寓話，心理療法）に用いることもある．また，発達研究においては，子どもの概念獲得を支える類推のはたらきが重視されている．例えば，擬人化は，未知の対象に，人に関する豊富な知識を対応づける類推のはたらきである．

　第2に，類推は，第4節で述べるメタファ（比喩）の理解や生成を支えている．例えば，認知言語学者レイコフ（Lakoff, 1987）らは，概念メタファの説明において，抽象的概念であるターゲット『人生』にベース『旅』の知識構造との写像関係が成立することによって，「人生の分かれ道，坂道，道連れ，……」などの個々のメタファ表現の生成や理解が可能になるとしている．ここで，ターゲットとベースとの対応は完全ではなく，むしろ両者の相互作用によって，類似性や新しい意味が生み出される（第4節（a）参照）．また，類推による知識の写像や相互作用は，アイディアや文芸，美術，工業デザインなどにおける創造技法としても活用されている．

　人は豊富な経験と高次な類推の能力によって，過去の状況と全く同じ状況でなくても過去の経験を活かして，新しい状況に対処できる（楠見，2002）．これが類推による学習である．類推は，過去経験の転移によって，新しい学習を促進させる（正の転移）．一方で，古い経験が新しい学習に干渉して妨害すること（負の転移）も起こり得る．例えば，大人になってからの外国語の学習は，すでに学習した日本語や英語の文法や語彙の知識を利用して効率よく学習できる（正の転移）．一方ですでに学習した日本語の発音が，全く異なる新しい外国語の発音の学習を難しくすること（負の転移）もある．

第3節
思考と言語理解を支える概念

　第1節の思考を支える心的表象の説明でも述べたとおり，人間の持つ事物や

出来事に関する知識は，心内にて様々な特徴を持つ情報として扱われることとなる．「りんご」という1つの知識をとっても，イメージ的な表象として，それには知覚的経験として｛赤い｝ことや｛甘い｝ことを知っていたり，命題的表象として産地や食べ方の情報が伴っていたりする．このように1つの事物の情報を，イメージ的，命題的に統合し，「りんご」というラベル名のもと扱うことが可能な情報の塊が概念（concept）と呼ばれる．概念とは，一組の事物，事象やカテゴリについての心的表象であり，知識の構成要素である．それは対象やカテゴリ，語彙に関する情報からなる．また，思考の基本的な枠組みであるスキーマ構造によって表現できる（楠見，2019）．

（a）概念学習とプロトタイプ

　実際に私たちが概念を形成する際には，当該概念に当てはまるものとそうでないものを切り分けるなどの概念学習（concept learning）と呼ばれる心的行為が必要となる．概念学習において，学習者は，（概念に属する）正事例（例：『鳥』概念におけるタカ）を記憶内の事例集合に蓄積し，それらから仮説を形成し，（概念に属さない）負事例（コウモリ）によって，仮説を修正する（第2節（b）参照）．そして，事例集合に基づいて，ボトムアップ的に，（共通する）定義的特徴を帰納したり，抽象化によってプロトタイプ（原型，prototype）を形成したり，一般化によって，規則を発見したり，「理論」を構築する（本節（c）参照）．一方，新しい事例（集合）に対して，トップダウン的に，概念の規則や理論を適用したり，既有の概念を類推によって転移することによって，概念を獲得する（第2節（c）参照）．特定の事物や現象に関する様々な事例を集積しつつ，演繹的推論や帰納的推論を通じて，それら事例間で事物や現象に共通する特徴，逆に事物や現象から当てはまる特徴を抽出することとなる（第2節（a）（b）参照）．

　こうした情報の集積と精緻化に伴い，特定の概念には頻繁に出現する（利用可能性の高い）事例や，個々人の経験などから特に重要と思われる典型的事例などが結びつくことがある．この過程が，プロトタイプの形成であり，その概念を最もよく代表する事例として心的に表象されている．『りんご』という概念であれば，私たちが日常的によく見るような｛赤くて丸い形状をして甘酸っぱいもの｝といった典型的な『りんご』を思い浮かべるだろう．

プロトタイプは，カテゴリの典型的成員の内的表象である．自然概念（natural category）（例：鳥）や人工物概念（例：イス）においては，中心的な典型的成員（例：鳥におけるスズメ）や（カテゴリ事例の平均化された特徴を持つ）抽象的表象に基づいて統合された単一の表象として表されることがある．事例のカテゴリ化は，事例をカテゴリのプロトタイプと比較して，最も類似性の高いカテゴリの成員と判断することである．カテゴリは，プロトタイプに近い中心事例から周辺事例までの段階構造（graded structure）を持っている．

教育において，概念をプロトタイプから教えることは，学習者にとって，分類，命名，推論，記憶が容易なため，学習しやすい．しかし，科学的な分類学的カテゴリを形成するには，定義的特徴も必要なことがある．その理由は，プロトタイプに基づく概念は，事例とプロトタイプとの類似性（特徴を共有する程度）に基づくため，正事例かどうかは確率的に決まる（正・負事例の境界が曖昧で，成員性が連続的な）ファジー概念だからである．ここで，定義的特徴（defining feature）とは，（科学的概念や法概念などの）名義概念（nominal kind concept）にある内包であり，（カテゴリの成員の基準となる必要十分な）定義的特徴の情報によって表現できる（例：三角形は三辺からなる）ものである．教育において，概念を定義的特徴から教えることは，学習者に，概念の本質的かつ簡潔な情報を獲得させることになる．しかし，概念の中には，定義的特徴ではなく，（事例間は部分的に共有特徴を持つ）家族類似性（family resemblance）に基づいて構造化されている場合もある（例：『ゲーム』概念におけるラグビーとチェス）．

(b) 概 念 構 造

概念構造（conceptual structure）は，階層的関係を有しており，その中には，上位-下位（クラス包含）関係や空間関係がある．上位-下位概念水準の中間には，（獲得，記憶，伝達などが容易な）基礎水準概念がある．上位概念の特徴を下位概念に継承することは，知識の容量を節約している（例：(哺乳類である)クジラは胎生である）．空間関係には，位置的包摂関係（例：ジャマイカは中米にある）と部分-全体関係（例：錐体は網膜にある）がある．その他の関係には，時間関係（例：巣作りの後，産卵する），因果関係（例：ウイルスによってエイズは感染する），機能的関係（例：維管束は水や養分を運ぶ），理論的関

係（例：鳥の鳴き声は配偶者選択に関わる）などがある．こうした関係は，知識のモデル化（ネットワークモデル，属性モデルなど）の基盤になっている．ここで，概念をノード（節点）として，関係やルールをリンク（連結）としたものが意味ネットワークモデルである（第1節（b）参照）．

　また，スキーマモデルは，一般化された知識のまとまりであるスキーマを，階層的な埋め込み構造（例えば「授業」のスキーマの下位スキーマ「ゼミ」）と定数・変数（例えば定数は90分の時間，変数は授業内容）で表現したものである．スキーマには，具体から抽象的なものまであり，文字や事物から行為，出来事，概念まで様々な物語がある．スキーマの1つとして，出来事の時系列を表現したものがスクリプトである．例えば，レストランでの食事スクリプトは，台本のように場面の時系列（入店，注文，食べる，店を出る）と登場人物（客，ウエイトレス，コック，レジ係，オーナー），道具（テーブル，メニュー，料理，勘定書，お金）から構成されている．これらのスキーマは，情報の符号化，貯蔵，検索，選択，推論を方向づけている．例えば，会話の中で，授業について理解したり，小説におけるレストランの場面を読むときに，展開を予想できるのは，スキーマやスクリプトを使って処理をしているためである．

（c）素朴理論

　概念は，私たちを取り巻く世界についての背景知識や領域知識に関する素朴（素人）理論（naive theory）としても表象されている．理論が概念の成員を他の成員と弁別し，まとまりを与える凝集性を支えたり，説明の原理を与える．例えば，『結婚』には，法律だけでは定義できない多様な形態がある．一方，私たちが思い描く結婚の多くは「男女が幸せに暮らす」という理想である．しかし，現実の結婚は，必ずしも幸せとは限らない．こうした社会・文化的概念（例：家庭，教師，学校）は理想モデルに基づいて，形成されている面もある．

　日常経験に基づく素朴理論は，科学的には誤概念である素朴概念によって構成されている（例えば，児童生徒は，直観的（素朴）物理学に基づく概念を持っている（例：重い物は，速く落下する））．学校の授業では，学習者が日常生活で形成した誤概念を考慮した上で，教育は学習者の持つ素朴概念を科学的概念に引き上げ体系化したり，観察や実験や，さらに，理論的な説明を通して，矛盾に気づかせて，新しい概念を連結させ再構成する．ここで，知識の再構成は，

概念変化による概念間の関係の変化である（しかし，誤概念は変化しにくく，科学的概念と併存することもある）．

(d) 概念の機能

概念の第1の機能は，分類と事例の産出である．概念は，対象の分類によって，知覚，学習，記憶などの認知過程における情報を適切に縮約し，適応的な行動を導く認知的経済性を支えている．特に事例のカテゴリへの分類をカテゴリ化という（例：クジラは哺乳類である）．ここで，類似する事例をまとめ上げる適切なカテゴリ化によって記憶貯蔵された概念は，事例検索や生成の枠組みとして働く．これらは，先行するある事例A（例：医者）を想起した後に，類似する別の事例A′（例：看護師，どちらも［医療］カテゴリとしてまとめられる）を想起しやすくなるなどのプライミング（priming）と呼ばれる現象や，私たちが人を［失業者］［高齢者］［外国人］などに分類して，限られた経験や先入観に基づいて，その人を理解・推論しようとしてしまうステレオタイプ的思考につながっている．これは，次の第2，第3の機能につながる．

第2の機能は，理解と説明である．分類された事例は，既有知識を適用し，解釈が可能になる．例えば，新型コロナをウイルスによる感染症だと分類することによって，感染の危険性が理解されたり，感染の理由や予防方法を説明できる．

第3の機能は，予測と推論である．概念駆動型のトップダウン処理によって，入力情報を既有の概念情報に適合させる形で処理ができる．ここで概念は，過去の経験を，現在や未来のための推論や判断の道具として用いることを助ける．特に，第2節で述べた帰納的推論においては，概念は成員の特徴を推論（カテゴリ帰納）する際に用いられる．

第4の機能は，コミュニケーションである．会話や文章における概念は（教室，学会，文化といった）共同体の中で共有することによって，知識の伝達，間接経験に基づく学習が可能になる．

第5の機能は，概念結合（複合）である．言語で表現される概念を構成要素として結合し，新しい概念を創造できる．例えば，『認知』と『言語学』の概念の結びつきは，新たな学問領域『認知言語学』を生んだ．概念複合は大きく2つあり，第1の統語複合は，特徴を示す修飾語＋被修飾語の結合であり，『認

知言語学』『長期記憶』などがある．主語＋述語の関係を示す結合もあり，『セルフコントロール』などがある．第2の並列複合は，意味を限定するハイブリット型の結合（例：イノブタ）や，対等あるいは対比の関係での結合（例：父母，善悪）がある．

第4節
概念の比喩的拡張

(a) メタファ（比喩）

「ことば」の理解，特に比喩のような複数の概念を統合した言語表現の理解においては，以上で述べたような表象や概念の性質を理解することが重要となる（楠見，2019）．

メタファ（比喩，metaphor）は，広義には，隠喩，直喩，提喩，換喩などの比喩全般を指す．狭義には隠喩などのように，主題とたとえる語を類似性，写像，包含関係，イメージに基づいて結びつけた比喩を指すことが多い．こうした表現において，主題とたとえる語の類似性を土台とした比喩指標（例：〜のようだ）がない表現を隠喩，比喩指標によって類似性を成立させる表現を直喩（simile）という．こうした表現の理解においては，類似特徴の理解であったり，概念間の関係性の評価が重要となる．例えば，メタファ「心は沼だ」には，主題「心」とたとえる語「沼」との比較あるいは相互作用による類似特徴{深い，……}の発見がある．また，第2節（c）で述べたようにメタファ「人生は旅だ」では，概念領域『旅』から『人生』に対して写像可能な，両者の間での構造的類似性が成立していると考えられる．加えて，メタファは類包含陳述であると捉えることも可能である．例えば，「心は沼だ」は，主題「心」がたとえる語「沼」を典型例とする{どろどろしたもの}カテゴリに包含されることを強調している．これらは，概念のプロトタイプや概念間の構造性の理解が前提となり得る．

一方で換喩のように，ある対象を指示するために，それと空間的，時間的に隣接した対象で表す慣用的比喩においても，同様の表象・概念の扱いが重要となる．換喩は，発話状況や文脈における隣接関係に依拠している．例えば，

① 顕著な対象で空間的隣接対象を指す：　部分で全体（赤ずきん（をかぶった女の子）），容器で内容物（ボトル→酒），場所や建物で機関（ワシントン，

ホワイトハウス→合衆国政府）を示す

②顕著な事象で時間的随伴事象を指す：　結果で原因（涙を流す→泣く），原因で結果（ハンドルを握る→運転する），作者で著作（チョムスキー（の書いた著作）をよむ）を示す

などが挙げられるが，これらは概念に紐づく各種情報の評価の強さと連動し得る．また，カテゴリで事例を，あるいは事例でカテゴリを指示する慣用的比喩を意味する提喩なども，カテゴリの包含関係と典型性に基づく．例えば，「花見に行く」はカテゴリ名「花」で典型例「桜」を指し，「白いものが降ってきた」は「白いもの」カテゴリで典型例「雪」を指す．逆に，「人はパンのみにて生きるにあらず」は，典型例「パン」で上位概念『食物』『物質的満足』を指す．

（b）イメージスキーマ

イメージスキーマ（image schema）は，イメージ図式とも呼ばれ，知覚・運動的なパタンの反復経験が抽象化された前概念的・非命題的表象であり，身体性や経験基盤を基礎に持つ認知構造である（楠見・平，2021）．

（a）で述べた比喩的表現の理解や生成においては，イメージ的表象であるイメージスキーマは，特に理解が複雑化し得る抽象的概念を，人間の経験基盤的な情報に連動させて理解する上で重要な考え方である．これは，『尊敬』や『親しさ』といった概念であれば，「尊敬すべき人は見上げる位置にいることが多い（上下）」「親しい人は自分の近くにいる（内外）」など，抽象性の高い事物・現象については，それに伴う反復されるような知覚的，経験的な知識とも結びついているといえる．結果として，「尊敬」に関わる表現には「師を仰ぐ」「仰ぎ見る」などの「上下」関係を有するもの，「親しさ」に関わる表現には「親近感」「疎外感」など「内外」関係を有するものが成立しやすい傾向にあると考えられ，慣用句や新たな比喩の生成，カテゴリの拡張などの動機づけとなり得ると考えられている．

第5節
批判的思考

（a）直観的思考と批判的思考の二重システム

人の思考は，直観（intuition）と推論（inference）という2つの並列的に働くシステムとして考えることができる（図7.2）．システム1は，直観的思考

(intuitional thinking) であり，認知的努力なしに，いつも働いている素早い全体的な判断である．ヒューリスティックによる判断はその一例である．システム2は，批判的思考（critical thinking）に対応し，意識的なモニターができ，システム1の直観的判断をチェックし，バイアスがある場合に修正をする（Kahneman, 2011）．バイアスの修正には，その他に，メタ認知的知識や技能，規範的規則へのアクセス可能性が高いことが重要である．

ここで，批判的思考とは，① 推論の規準に従う，論理的で偏りのない思考であり，② 自分の推論過程を意識的に吟味する省察的な思考，③ 特に，（メディア，人の話などの）言語的情報に接したり，議論をしたり，自分の考えを述べたりするときに，何を信じ，主張し，行動するかの決定を支えている汎用的技能である．したがって，「相手を批判する」思考という日常語の意味ではない（楠見，2010）．

(b) 批判的思考のプロセス

批判的思考の構成要素は，認知的側面であるスキルや知識と，情意的側面である態度や傾向性に分かれる（Ennis, 1987）．

批判的思考のプロセスとしては以下の4つのステップが考えられる（楠見，2018, 2022）（図7.3）．ここでは，言語情報の適切な理解が重要な1番目のステップについて重点を置いて述べる．

(i) 言語的情報の明確化： 批判的思考の土台となる情報（文章，発言など）を正確に理解するプロセスである．次に示す5つの明確化を言語を用いて行う

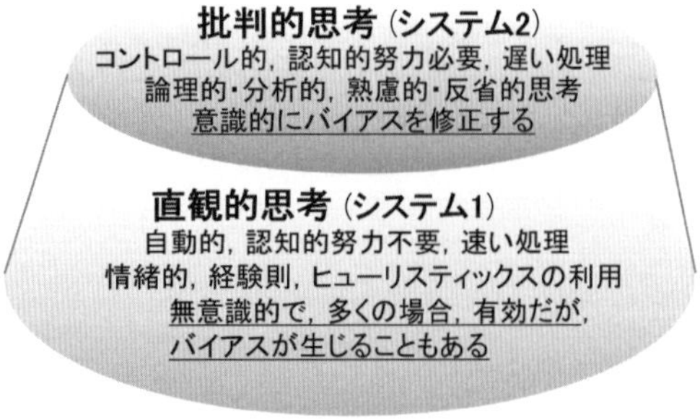

図7.2 批判的思考と直観的思考（二重システム理論）
（楠見，2010）

ことが必要である．① 取り上げた問題，仮説，主題に焦点を当てて，それを明確化する．② 言語情報の構造（主張・結論，根拠・理由など）と内容を明確化する．ここでは，書き手（話し手）が何を主張・結論しているのか，何を根拠や理由としているのかを明らかにする．議論の構造を分析するには，主張・結論がパラグラフの冒頭や結末にあるという構造や，標識語（主張・結論を示す「したがって，…ということである」，根拠・理由を示す「なぜなら，…だからである」など）に関する知識が有用である．③ 明確化のための問いを発する．例えば，問題，結論，理由，前提は何か？ なぜか？ 曖昧な語はないか，それはどのような意味か？ 事例はあるか？ などの問いである．これらの問いは，内省的思考においては，自分に発して，自分で答える形をとる．④ 用語（キーワード，間違えやすい同義語や多義語など）がどのように定義されているか，比喩や類推がどのように使われているかを捉え，的確に意味を把握する．⑤ 書き手や話し手の主張を支えている隠れた前提を同定する．ここでは，書き手や話し手が，主張・結論を導く際に，根拠として明示していないが，その主張を支えている事実前提や価値前提（価値観）があるかを検討する．

(ii) 推論の基盤の検討： 推論を支える情報源としては，他者の主張，事実や調査・観察の結果，以前に行った推論の結論がある．まず，土台となる情報の根拠の確かさについては，意見と事実の判別が必要である．その理由は，個人の主観に基づく意見は，客観的事実よりも弱いためである．さらに以下の2点について根拠としての確かさを判断することが必要になる．すなわち，

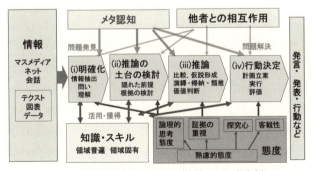

図 7.3 批判的思考のプロセス（楠見，2022 を改変）

① 情報源の信頼性を判断する（例えば，専門家によるものか？　異なる情報源の間で一致しているか？　確立した手続きをとっているか？）．② 意見，事実，調査・観察やその報告の内容自体を評価する．これら判断や評価には，メディアリテラシーや科学リテラシーが必要である．

　（iii）推論：　推論は，演繹と帰納の判断，価値判断によって，偏りのない結論を論理的に導くプロセスである．

　演繹的推論は，複数の前提から結論を導くプロセスである（第2節(a)参照）．ここでは，前提が正しいか，推論過程を簡略化していないか，形式的および論理的誤りによる論理的な矛盾はないかの判断が重要である．例えば，大前提，小前提から結論を導く三段論法では，「すべてのA学部生は真面目だ（大前提）」と「BさんはA学部生である（小前提）」から，「ゆえにBさんは真面目だ（結論）」を導く．しかし，日常生活では，三段論法は省略されていることが多く，例えば「BさんはA学部生である．ゆえにBさんは真面目だ」といった論法である．ここでは，「すべてのA学部生は真面目」であることが暗黙の前提であることに注意が必要である．

　帰納的推論は，複数の証拠に基づいて，結論を導く一般化のプロセスである（第2節(b)参照）．帰納における証拠獲得の段階では，証拠を偏りなく，多面的に多数集めることが重要である．あらかじめ立てた仮説や見込みを，確証する情報だけでなく反証情報も探索することが大切である．そして，仮説や結論の合理性を規準（事実の説明における無矛盾性，もっともらしさなど）に照らして判断することが重要である．

　価値判断は，多面的に情報を集め，比較・統合して結論を導くプロセスである．正しい1つの答えがあるとは限らないので，背景事実，リスクとベネフィット，価値，倫理的問題などを考慮に入れてバランスのとれた判断が大切である．

　（iv）行動の決定：　批判的思考の最終段階として，行動の決定や問題解決がある．そこには，直面する問題を定義し，解決の判断のための規準を選択し，解決策を複数形成し，何をすべきかの仮の決定をして，状況全体を考慮した上での再吟味や実行過程をモニターすることなどがある．これらはメタ認知的活動である．こうした批判的思考に基づく結論や自分の主張を他者に伝えるためには，結論や考えを明確に表現し，効果的に伝えるという相手を説得するため

推 薦 図 書　　　*143*

の言語的スキルが重要である．

　一方，他者との相互作用は言語を通した議論，発表，文書などを通して行うことも大切である．相互作用にはここで述べたすべての認知的プロセスが関わる．

|||||||||||||||||||||||||||||　**第2部　今後の展望**　|||||||||||||||||||||||||||||

第6節
思考と言語の研究の今後

　本章では，言語処理を支える思考と思考を支える言語（ことば）について，認知心理学・認知科学的観点に基づいて整理してきた．

　言語処理を支える思考は，図7.1の人の情報処理システムで示すように，言語による入力情報を，中央システムにおける言語的知識である概念やスキーマにアクセスしながら推論によって理解をして，それを言語を用いた発話や作文などとして出力している．中央システムにおいては，演繹，帰納，類推といった推論を統合的に働かせている．批判的思考のプロセスを示す図7.3は，入力された言語情報の構造に即して，明確化した上で，情報の内容を検討し，偏りのない推論を行い，決定を導いて，言語的に出力することを示している．一方で，思考を支える言語という観点から見ると，命題的表象や言語的知識の構成する概念やスキーマが思考を支えている．この場合，言語の形態やそれが使用される文化的背景，状況・環境的要因が，思考と思考から連動する行動そのものに影響を与えるという考え方も可能である．こうした枠組みで「ことばと心身」の関係性を捉えた場合，身体化認知研究や記号設置（symbol grounding）問題などの，ことばという現象と実際の人間の認知の問題を結びつけるといった，言語学的観点から認知科学全体への知見の提供を可能とする観点に立つことも可能となるだろう．

推薦図書

　本章全体については，『思考と言語』（現代認知心理学3）（楠見，2010）が，本章で取り上げた，概念，推論，批判的思考，メタファについて，専門的な説明をしている．『ことばと思考』（今井，2010）は本章とは少々異なる視点で，言語と思考を取り上げている新書であり，相互補完的な意味を持つ．メタファについては，『比喩と認知—心とことばの認知科学』

（Gibbs, 1994［辻ほか（訳), 2008］）をすすめたい．文章読解については，『文章理解の認知心理学』（川﨑, 2014）が詳しく，さらに概念も含む心理言語学全体については『心理言語学を語る―ことばへの科学的アプローチ』（Harley, 2017［川﨑（訳), 2018］）が幅広く解説している．

文　献

Collins, A. M. and Quillian, M. R. (1969) Retrieval time from semantic memory. *Journal of Verbal Learning and Verbal Behavior* **8**(2): 240-247.

Ennis, R. H. (1987) A Taxonomy of Critical Thinking Dispositions and Abilities. In J. B. Baron and R. J. Sternberg (eds.) *Teaching Thinking Skills: Theory and Practice*, pp. 9-26, W. H. Freeman and Company.

Gibbs, R. W., Jr. (1994) *The Poetics of Mind: Figurative Thought, Language, and Understanding*, Cambridge University Press.［辻　幸夫ほか（訳)(2008)『比喩と認知―心とことばの認知科学』研究社.］

Harley, T. (2017) *Talking the Talk: Language, Psychology and Science*, 2nd ed., Routledge.［川﨑惠里子（訳)(2018)『心理言語学を語る―ことばへの科学的アプローチ』誠信書房.］

今井むつみ (2010)『ことばと思考』岩波新書.

Kahneman, D. (2011) *Thinking, Fast and Slow*, Farrar, Straus and Giroux.［村井章子（訳)(2012)『ファスト＆スロー―あなたの意思はどのように決まるか？（上・下)』早川書房.］

海保博之ほか (1987)『ユーザ・読み手の心をつかむマニュアルの書き方』共立出版.

川﨑惠里子（編)(2014)『文章理解の認知心理学』誠信書房.

楠見　孝 (1996)「帰納的推論と批判的思考」市川伸一（編)『思考』（認知心理学 4) pp. 37-60, 東京大学出版会.

楠見　孝 (2002)「類似性と近接性―人間の認知の特徴について」『人工知能学会誌』**17**(1)：2-7.

楠見　孝（編)(2010)『思考と言語』（現代認知心理学 3) 北大路書房.

楠見　孝 (2018)「リテラシーを支える批判的思考―読書科学への示唆」『読書科学』**60**(3)：129-137.

楠見　孝 (2019)「認知心理学と認知言語学」辻　幸夫（編集主幹), 楠見　孝ほか（編)『認知言語学大事典』pp. 654-666, 朝倉書店.

楠見　孝 (2022)「批判的思考とメディアリテラシー」坂本　旬・山脇岳志（編)『メディアリテラシー―吟味思考（クリティカルシンキング）を育む』pp. 84-108, 時事通信出版局.

楠見　孝・平　知宏 (2021)「認知心理学からみたメタファーの実験研究」篠原和子・宇野良子（編)『実験認知言語学の深化』pp. 115-140, ひつじ書房.

Lakoff, G. (1987) *Women, Fire, and Dangerous Things: What Categories Reveal about the Mind*, University of Chicago Press.［池上嘉彦ほか（訳)(1993)『認知意味論―言語から見た人間の心』紀伊国屋書店.］

西口美穂・楠見　孝 (2018)「単語を手がかりとした単文産出における知覚的シミュレーション」『心理学研究』**89**：459-468.

文　　献　　*145*

Tomasello, M. (2003) *Constructing a Language: A Usage-Based Theory of Language Acqui-sition*, Harvard University Press.［辻　幸夫ほか（訳）(2008)『ことばをつくる—言語習得の認知言語学的アプローチ』慶應義塾大学出版会.］

Zwaan, R. A. et al. (2002) Language comprehenders mentally represent the shapes of objects. *Psychological Science* **13**: 168-171.

第8章

望月正哉

ことばと運動

◆キーワード

実演効果，身体化された認知，行為−文適合性効果，運動による言語学習，理解

　ことばを理解するときに運動や行為が必要と感じる人は少ないだろう．しかし，近年の研究では，ことばの理解と運動が密接に関係していることが示されている．本章では，これら2つの関連性を見ていく．ことばと記憶の関係は第6章でも触れられているが，はじめに，ことばを記憶する際に，その内容を行為（実演）することに関する研究を概観する．続いて，身体化された認知の枠組みに基づいて，ことばの理解と運動行為との関わりの検討を見る（第1巻第1章，第2巻第1章も参照）．最後に，今後の展望として，運動を用いた言語学習の実践を紹介するとともに，ことばの理解における運動の役割を検討する際に「理解」を定義することの重要性を指摘する．

|||||||||||||| **第1部　現在までの流れ** ||||||||||||||

第1節
ことばと運動の関わり

　ことばと運動の関わりと聞いて思い浮かべることは何だろうか．比較的出やすいのは手話かもしれない．多くの場合，ことばは音声に依存するが，ろう者など音声の使用が限定される場合，身体の動きで視覚的に意図や指示を伝えることができる．手話にも語彙や文法が存在し，運動そのものがことばだといえる．また，発話に伴う身振り手振り（ジェスチャー）もことばと運動行為の関わりを示す例である（手話やジェスチャーについては第4巻第8章や喜多，2014を参照）．さらにいえば，ことばを音声として発することも運動行為である．発話のためには喉や舌，口を適切に動かす必要がある．また，子音が省略される，音が歪むといった構音障害が見られる発語失行は大脳皮質の一次運動野（中心前回）が病巣だといわれることからも，ことばと運動の関係は密接なものだといえる．

第1部　第2節　ことばの記憶における運動の役割　　　*147*

　これらはいずれも「ことばを発すること」に関わるが，ことばを理解することに運動はどのように関わるのだろうか．運動は，ことばを音声や文字として認識し，その内容を理解するまでの過程に関わってきそうにない．しかし，本章で紹介する諸研究は，ことばを理解することに運動や行為が密接に関わっていることを示す．

第2節
ことばの記憶における運動の役割

（a）実 演 効 果

　ことばの記憶に運動が影響することは古くから知られている．例えば，第二言語（ここではロシア語の）学習者は，学習する内容に関連する行動をとると，そのフレーズをより速く学習できる（Asher, 1965）．さらに，「手を叩く」「ベルを鳴らす」といった行為に関する言語表現（以後，行為文とする）を記銘する際に，実際にその行為をしながら記銘すると，単にことばで記銘するよりも記憶成績がよいことも示されている．これは実演効果（enactment effect）と呼ばれる（Engelkamp and Krumnacker, 1980）．

　実演効果は被験者実演課題（subject-performed task: SPT）で見出せる（Cohen, 1981）．実演効果の実験では，学習方法によって参加者を群分けする．最も重要なのは，行為文のリストを読んだ上で，その行為を実演する課題を行う群である（SPT）．SPT群は，参加者自身が行為文のリストを読んで学習する課題（verbal task）を行う群や，実験者が行為をしている様子を参加者が観察して学習する課題（experimenter-performed task）を行う群，参加者は実際に行為文の内容を実演はしないが，その行為をイメージしながら学習する課題（imagery task）を行う群などと比較される．このような課題を行わせると，SPT群は他の群に比べて記憶の成績が高いという結果が得られる．

　文の内容を実演すると他の学習方法と比べて記憶成績が高くなる結果に対する説明は複数提出されている．例えば，実演による運動に関する記憶が，言語の記憶とは機能的に異なり，前者の方が効率的に処理されるためであるというものがある（Cohen, 1981）．また，言語として符号化した内容よりも，実演によって符号化した内容の方がマルチモーダル（運動や感覚など多様な情報を含んでいること；第1巻第3章，第2巻第1章参照）で，それぞれの情報が統合

しやすいという考え方もある（Bäckman and Nilsson, 1985）．マルチモーダル
な情報は言語的に符号化された内容とも統合しやすいため，結果的に SPT 群
の方が他の群よりも記憶成績がよいとしている．また，マルチモーダルに符号
化された情報はエピソード記憶として他の内容と区別しやすくなるために，実
演効果が見られるといった説明もある（Engelkamp, 1998）．

（b）実演効果のメタ分析

　実演効果の研究は多岐にわたり，その現象を統一的に説明する理論は確立さ
れていない．そこで，関連研究の結果を集めて，研究の様々な違いを超えてター
ゲットとなる現象や効果が存在するのかを統計的に調べたメタ分析が実施され
た（Roberts et al., 2022）．ここでは，1980 年代初頭から現在まで実施された
183 の研究を集め，実演効果の生起条件や神経基盤などを検討した．その結果，
実演効果は効果量（条件間の差分の大きさや関連性の強さを示す指標）が大き
い頑健な現象であることを示した．さらに，SPT 時の神経活動を検討した研
究をまとめ，記銘時に実演により活性化された前運動野や一次運動野が，検索
時に再活性化されていることに加え，体性感覚野の活動も見られていることを
示した．この結果は，運動野の活動が実演効果に寄与している可能性に加え，
体性感覚野とのつながりがあることで，マルチモーダルな情報が概念として結
合し，記憶成績を向上させる可能性もあることを示している．

　メカニズムが完全に解明されているわけではないものの，行為を説明したこ
とばの記憶に，運動が重要な役割を担っているといえる．ただし，SPT で扱
うのは記憶・学習した内容が想起できるかということに限定される．学習した
り想起できたりするためには，先立ってそのことばを理解する段階があるだろ
う．次節では，そのようなことばを理解する際の運動の関わりを見ていく．

**第 3 節
ことばの理解が運動に与える影響**

（a）身体化された認知

　今でこそ，ことばの理解と運動の関係は密接なものと考えられ，多くの研究
が行われている．しかし，ある時期まで，ことばの理解は外界から切り離され
た脳内でシンボル的な表象（こころの中に存在すると仮定する，外の世界を表
現したもの）をもとに行われるという考えが大勢であった（Kintsch, 1998）．

しかし，いくらシンボル同士の関連性を明らかにしても，それが指し示す対象，つまり意味と結びつけることができなければ理解は成立しない．このような問題は記号接地問題（Harnad, 1990）と呼ばれる．この問題に対し，ことばの理解は，ことばと外界との相互作用に関わる感覚や運動が結びつきを持つことでなされるという考えが心理学では 1990 年代中盤から広まり始めた．

　認知処理における感覚や運動の重要性を説く考え方は，「身体化された認知あるいは身体性認知（embodied cognition）」や「基盤化された認知あるいは基盤性認知（grounded cognition）」と呼ばれる．この考え方に基づく研究では，ことばの理解が，抽象的で恣意的なシンボルの結びつきによって行われるという考えを否定する．その代わり，理解は，感覚や運動，情動，内受容感覚を通じた経験から作り出される知覚的シンボルに基づくと考えたり（知覚的シンボルシステム；Barsalou, 1999），語や句をそれに対応する知覚的表象に索引化して，そこからアフォーダンス[1]（Gibson, 1979）を導出・調整することによって成立すると考えることが多い（索引化仮説；Glenberg and Robertson, 1999）.

　身体化された認知の研究では，言語処理と感覚や運動に関する処理に密接な関係があることが示されている．本章では，特にことばの理解と実際の運動行為との関連を取り上げるが，ことばの理解と感覚や知覚の処理との関連を示した研究も多くある（望月，2015，2021 参照）.

（b）行為-文適合性効果

　グレンバーグら（Glenberg and Kaschak, 2002）は，上述の背景から，ことばの理解はシンボルの処理にとどまらず，その内容が実際の感覚や運動にも関連していると考え，ことばの理解が課題中の運動に影響すると予測した．そこで彼らは，参加者に提示された文の意味が通るかどうかを判断させる課題（有意味性判断課題）を実施した．

　この課題は言語心理学の実験として一般的なものだが，彼らは反応装置に工夫をこらした．ここでは，参加者から見て，手前，中間，奥に３つのボタンが

---

1) 視知覚の説明として出てきた用語で，生物と周囲の環境の相補性の中で環境から生物にもたらされるものを指す（Gibson, 1979）．生物はアフォーダンスを通じて対象を知覚したり，行為の準備をしたりする．ここでは，語や句から索引化された知覚的表象に基づいて関連する行為の候補が導出されることと理解するとよい．

配置された装置が用意された（図8.1）．実験では，中間のボタンを押すことで文が提示され，参加者は，課題のうち半分では，読んだ文が意味の通るものであったら手前のボタンを押し（「はい」は手前），意味の通らないものであったら奥のボタンを押すよう求められた．そして，課題の残り半分で参加者は，意味の通る場合には奥のボタン（「はい」は奥），通らない場合には手前のボタンを押すことが求められた．こうすることで，参加者は判断のために，自分の手を自身から遠ざけるないし近づける行為をすることになる．装置の工夫に加えて，文の刺激も操作された．刺激は全体の半分が意味の通る文で，その中には，対象が自身へ近づく動きを含意する toward 文と，自身から遠ざかる動きを含意する away 文が含まれていた．さらに，実験では，実際の身体や物体の動きを伴わない内容の文（抽象文）（例：Liz told you the story）も入れていた．このように装置による運動の操作と文の含意する動きの操作によって，文の内容と動きが一致する場合と，そうでない場合ができる．

　実験の結果，文の内容と動きが一致する場合には，そうでない場合に比べ，判断時間が短くなった．さらに，そのような結果は抽象文でも見られた．グレンバーグたちは，この現象を行為–文適合性効果（action-sentence compatibility effect: ACE）と名づけ，ことばの理解に運動の処理が伴うことで起こると解釈した．さらに，彼らはこの現象が抽象文でも見られるのは，実際の物体からアフォーダンスが索引化されなくても，動詞の内容や二重目的語構文という文

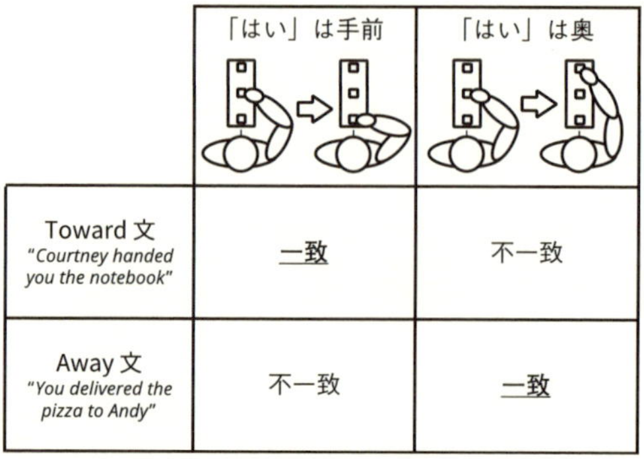

	「はい」は手前	「はい」は奥
Toward 文 *"Courtney handed you the notebook"*	<u>一致</u>	不一致
Away 文 *"You delivered the pizza to Andy"*	不一致	<u>一致</u>

図8.1　Glenberg and Kaschak（2002）における文と反応の組み合わせ

第1部　第4節　運動がことばの理解に与える影響　　　　151

法構造が，目に見える／見えないに関わらず対象をやりとりするというアフォーダンスを索引化させるからだと考察している．

　ACE の現象は別の実験方法でも観察されている．例えば，ドアノブのような機械を回しながら，Dennis turned *on* the lamp[2] といった文を読み進めると，説明される動作と一致した（つまり機械を時計回りに回す）動作をする方が，一致していない（機械を反時計回りに回す）動作をするときよりも読み時間が短いことが示されている（Zwaan and Taylor, 2006）．また，ACE は，ことばで説明される行為が手で行われるのか，脚で行われるのかといった反応効果器の一致性でも見られる（Scorolli and Borghi, 2007）．ここでは，文の有意味性判断課題を実施する際にマイクで判断させた場合と，ペダルで判断させた場合を比較した．実験では口が関わる行為文（例：to *suck* the sweet），脚が関わる行為文（例：to *kick* the ball），手が関わる行為文（例：to *throw* the ball）などが提示された．実験の結果，マイクで判断させると口の文は手の文よりも判断時間が短く，ペダルで判断させると脚の文は手の文よりも判断時間が短いことが示された．

　これらの結果は，ことばの理解により，単語や文法といった言語的な処理だけではなく，その内容に関連する運動の処理も行われていることを示している．

第4節
運動がことばの理解に与える影響

　前節では，ことばに関する処理が，運動反応に影響することを示す研究を見てきた．しかし，ことばの処理が運動に影響するという因果は，ことばが抽象的なシンボルに基づいて処理された後，その結果として派生的に運動に影響が見られたとも解釈できる．しかし，身体化された認知の立場が主張するのは，ことばの理解そのものに運動の処理が必要だということである．これを検証するためには，ことばの理解が運動に与える影響だけでなく，運動がことばの理解に与える影響も示すことが重要となる．ここでは，心理学実験の手法を用いた検討に加え，運動に関わる脳部位がことばの理解にどのような影響を与える

---

2)　これ以降，実験で用いられた刺激の例にはイタリック体で示す語を含む場合がある．これはその語が，ことばと運動や行為との対応に特に重要な要素であり，条件を比較する際に，その要素が結果の違いに影響を与えていると想定されるものである．

かを見るために非侵襲的脳機能計測を用いた検討や，運動に関する脳機能を損傷した患者を対象とした検討も見ていく．

(a) 行動的研究

　行動的な研究では，運動に関わる処理をさせた後に，言語的な課題を行わせ，その反応時間や正誤を記録する手法がとられる．古典的な研究（Klatzky et al., 1989）では，手の動作が，行為を説明する動詞句の理解に与える影響を検討した．実験で参加者は，部位（指か手）と行為（触れるかつかむ）を組み合わせた4つの動作（finger touch, finger grasp, hand touch, hand grasp）を練習した．続いて，動詞と名詞を組み合わせた句（例：crumple a newspaper）や意味の通じない組み合わせ（例：crumple a window）が提示され，意味が通じるかを判断した．この課題では，動詞句の提示前に，4つの動作に関することば（部位 and/or 行為）を提示し，それが判断のヒントになると教示された．実験の結果，手と動作を組み合わせたヒントを提示されると，そうでない場合よりも判断時間が短くなった．この結果は，回答のヒントになるという教示をしない場合でも見られたが，4つの動作が動詞で何というか訓練した，つまり finger touch は poke，finger grasp は pinch だなどといえるようにした場合には，それらの動詞の提示は後の意味の判断に影響を与えなかった．

　身体化された認知の枠組みのもとでは，参加者にディスクの縁を指でなぞるよう教示する条件（能動的運動条件）と，指がディスクの上で固定され，そのディスクが動く条件（受動的運動条件）を設け，提示された文字列が実在する単語かどうかを判断することを求める語彙判断課題への影響を検討した研究がある（Rueschemeyer et al., 2010）．この研究では，能動的運動条件は，受動的運動条件よりも，手で操作する事物の単語（例：cup）でのみ判断が正確で判断時間が短くなり，行為の遂行が単語の意味処理に選択的な影響を与えることが示された．また，ことばの理解ではないが，参加者に写真で行われている行為が何かを発話（命名）させる際に，指でタッピングさせたり，足を前後に動かさせたりした．その結果，指の運動をさせていると手を使う行為（例：painting）の命名が，脚の運動をさせていると脚を使う行為（例：marching）の命名が遅くなることも示されている（Hirschfeld and Zwitserlood, 2012）．

(b) 脳機能計測技術を用いた研究

　非侵襲的な脳機能計測として多く用いられているのが機能的磁気共鳴画像法（functional magnetic resonance imaging: fMRI）である．これは，血液中の酸素飽和度に応じて MRI 信号が変化するという特徴を活かし，脳内の血管を撮影することで脳の活動領域を調べる方法である．テッタマンティら（Tettamanti et al., 2005）は，参加者に口や手，脚に関する行為文（例：I *bite* an apple; I *grasp* a knife; I *kick* the ball）を音声で提示し，それを聴いているときの脳活動を fMRI で計測した．その結果，文の内容に応じて強く活動する領域が異なり，口に関する文では下側頭回の弁蓋部の，手に関する文では中心前回の，脚に関する文では上前頭溝の活動が強かった．これらの部位は，それぞれの行為を観察したときに強く活動する領域でもあり，運動の処理を担う脳領域が，関連する言語の処理も担っていることを示唆する．

　また，経頭蓋磁気刺激法（transcranial magnetic stimulation: TMS）を用いた検討もある（Pulvermüller et al., 2005）．TMS では，磁気刺激を任意の脳領域に照射することで，組織内に電流を発生させ，ニューロンを興奮させる．ここでは，言語処理時に運動領域を刺激することで，言語処理における運動領域の役割を検討している．この研究では，語彙判断課題を実施して，脚が関わる行為（例：kick）や手（例：pick）が関わる行為に関する単語の処理を比較した．実験では，単語の提示から 150 ms 後に，左半球にある脚の運動に関わる領域（前脛骨筋の筋電反応が誘発される部位）と手の運動に関わる領域（背側骨間筋の筋電反応が誘発される部位）に磁気刺激を照射した．その結果，脚領域への磁気刺激により，脚に関する語の処理時間は手に関する語の処理時間よりも短くなり，手領域への磁気刺激はその反対の結果となった．これらの反応は右半球の同領域への照射や，筋電反応が誘発されない部位へ照射した統制条件では見られなかった．これらの結果からも，行為に関わる脳領域は言語処理に機能的役割を担うことが示唆されている．

　TMS を用いて，比喩文の理解についても検討されている．行為動詞の提示に対して運動領域の活動が見られるという先行研究から，ライリーら（Reilly et al., 2019）は，行為動詞の提示後に磁気刺激を照射したとき，実際の行為を含まない比喩文の理解にも影響が見られるのであれば，運動領域が広くことば

の理解に関わると考えた．実験では，字義的な行為文や行為動詞を含む比喩文を用いた．このほかにも，抽象的な文や無意味語を含むものも提示され，参加者はこれらの文を読んで，意味が通るものかどうかを判断した．ターゲットになる文は主語の名詞句とそれ以降の部分（動詞句）に分けられ，動詞句の提示後 150 ms，300 ms，450 ms 後に磁気刺激が手に関する一次運動野へ照射された（図 8.2 (a)）．実験の結果，字義的な文の理解では，300 ms，450 ms 後の照射で統制部位への照射よりも有意に処理時間が遅くなり，比喩文では 300 ms 後の照射で統制部位への照射よりも有意に処理時間が遅くなった（図 8.2 (b)）．これらの結果は，ことばの意味を理解しようとする最中に運動領域が使われている（刺激されている）と，理解が遅れることを意味しており，運動領域が言語の理解に機能的な役割を担っていることを示す．さらに，動詞提示後 300 ms の時点で比喩文の処理に影響が見られたのは，動詞が多義的な意味を含んでおり，正しい意味を選択しようとするときに，その 1 つの可能性として字義的な意味へアクセスしている可能性があることを示す．

　言語処理時に脳の運動領域が活動していることを示す研究からも，運動機能が言語理解に関わっているといえるだろう．しかし，第 3 節で紹介した手に関する動詞と脚に関する動詞の処理において反応効果器の適合性が見られる現象（Scorolli and Borghi, 2007）における事象関連電位（event-related potential）を測定したところ，動詞の種類に応じた活動の変化は観測されなかったことも報告されている（Miller et al., 2018）．このことから，反応効果器の適合性が

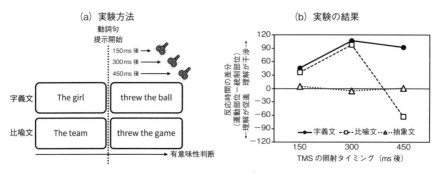

図 8.2　Reilly et al. (2019) の実験方法と実験結果（Reilly et al., 2019: FIGURE 1, TABLE 1 を参考に筆者作成）

運動に関わる処理よりも前の段階で起こっていることも示唆される.

(c) 脳損傷患者を対象とした研究

　脳損傷患者を対象にした研究では，特にパーキンソン病患者を対象とした研究を見ることが有効だろう．パーキンソン病は，主に，身体を安静にしているときに手足などが震えるという静止時振戦，筋肉がこわばる固縮，動作が鈍くなったり遅くなる無動，ふらついたり，転びやすくなったりする姿勢反射障害といった運動に関する症状が見られる進行性変性疾患である.

　ところで，認知処理の神経基盤を検討する研究では，二重乖離（double dissociation）の原理を重視する．本章の内容でいうと，ことばの理解に関わる脳領域が損傷した際に，運動機能には障害が見られなかったり，反対に運動に関わる脳領域が損傷した際に，言語理解の機能には障害が見られなかったりすれば，両者は二重乖離しており，言語理解と運動の機能は脳の別の領域が担っているといえる．一方で，運動に関する脳領域が損傷した際に，運動機能だけでなく，言語理解の機能も損なわれたりするのであれば，両機能は共通した脳領域を基盤としているといえる.

　パーキンソン病患者を対象とした研究の話に戻すと，言語障害のないパーキンソン病患者と対照条件の健常者に対し，自然物を指す名詞と無意味な文字列を提示し，文字列が，実在する単語の場合に指定されたボタンを押させる課題を実施した研究がある（Buccino et al., 2018）．名詞が指すものには手でつかめるもの（例：leaf）とそうでないもの（例：cloud）が含まれていた．実験の結果，健常者では，手でつかめる対象の名詞の方がそうでないものよりも反応時間が長かった．しかし，パーキンソン病患者では全体的に反応時間が長い上に，名詞の違いによる反応時間の差が見られなかった．この結果は，健常者では，手の運動に関する名詞の処理と，手でボタンを押すという運動の処理を同時に行うことで干渉が起こり，反応時間が長くなったと解釈される．一方，パーキンソン病患者では，物体指向的な随意運動に関わる領域をつなげる回路が機能していないために，名詞の種類により反応時間に差が見られなかったと解釈される.

　同様の効果は，行為動詞の処理でも見られる．パーキンソン病患者と対照条件の健常者に，語彙判断課題と，画面上に提示された動詞の意味が画面下に提

示された2つの動詞のどちらの意味に近いかを判断する意味類似性判断課題を実施した研究（Fernandino et al., 2013a）では，提示された動詞には行為を表すもの（例：to *squeeze*）と，抽象的なもの（例：to *improve*）があり，それらを比較した．実験の結果，語彙判断課題で，健常者は行為動詞の方が抽象動詞よりも判断時間が短いが，パーキンソン病患者では差が見られず，意味類似性判断課題では，行為動詞は抽象動詞よりも正答率が低かった．その後の研究では，パーキンソン病患者は，行為動詞が字義的な意味で用いられる文（例：The woman is pinching *my cheeks*）に加え，慣用句的な意味で用いられる文（例：The cost is pinching *the consumers*）でも課題成績が悪くなることも示された（Fernandino et al., 2013b）．これらの結果から，運動機能に障害を持つパーキンソン病患者は，行為に関することばの処理にも影響を受けるといえる．しかし，刺激を選定する際に，言語処理に影響する使用頻度や親密度などを統制した上で，提示された文が指し示す意味を選択肢から選ばせると，パーキンソン病患者は，行為に関する語が含まれる隠喩文の理解はやや遅くなるものの，正しい意味を選択できることも報告されている（Humphries et al., 2019）．

　一貫した結果が得られているわけではないものの，実際の運動遂行に加え，運動処理に関わる脳領域がことばの理解に影響を与えることを示す知見は多く提示されている．これらの結果は，運動機能と言語機能は二重乖離しておらず，高次の認知処理とされることばの理解においても，運動が重要な役割を担っていることを示唆する．

コラム　行為–文適合性効果の再現性

　心理学では，オリジナルの研究を追試しても，その結果が再現されないという問題が指摘されるようになって10年以上が経過した（Pashler and Wagenmakers, 2012）．本章では，行為–文適合性効果（ACE；Glenberg and Kaschak, 2002）を取り上げているが，この現象は身体化された認知の研究の代表的な事例としてその再現性が注目されている．第3節で紹介したように，ACE が最初に報告された後，複数の実験パラダイムや刺激で同様の結果が報告されている．しかし，これらの報告は，少しずつ手法も異なることから，オリ

ジナルの報告が信頼性，再現性のある結果であることを立証しない．そこで，オリジナルの方法を踏襲する追試（直接的追試）で，領域の基盤となる知見に再現性があることを確かめる必要がある．

　パペシュ（Papesh, 2015）は，反応測定装置をマウスに変更したり，提示文に参加者の名前を入れたりしたときにACEが見られるかを7つの実験で検討した．しかし，いずれの研究でも有意な結果が得られなかったことから，直接的追試を実施したものの，結果が再現されなかったと報告した．さらに，1,278名を対象として直接的追試を実施した研究（Morey et al., 2022）でも，使用した言語に関わらずACEは見られなかったと報告された．

　再現されないという報告があるとオリジナルの研究は誤りだと判断したくなるかもしれない．しかし，1回ないし少数の有意な報告で結論が出せないのと同様に，少数の有意でない報告からも結論は出せない．そこで実施されたメタ分析（Winter et al., 2022）から，ACEは，効果量は小さいものの有意であることが示されている．ただし，差が見られなかった研究が論文として公表されていない可能性を示す刊行バイアスがあることも指摘されている．

　これらの結果は，ACEという現象は存在する可能性もあるが，限定された状況で起こるものであることも示唆する．グレンバーグたちの研究は，現在でも身体化された認知の代表的研究として多く引用される．しかし，その知見をどのように捉えるかは，その後の追試研究やメタ分析を参照したり，自身でも追試したりすることで判断していくことが求められる．

|||||||||||||||||||||||||||||||　**第2部　今後の展望**　|||||||||||||||||||||||||||||||

第5節
運動によってことばの理解を促進する

　第1部では，ことばの理解という日常の認知的処理に，運動というこれまた日常で使う機能が強く関わる事例を紹介してきた．これらの研究は，引き続き理論的な観点から厳密な検証が必要である．しかし，両者が密接に関係するのなら，運動を活用することでことばの理解をさらに早めたり深めたりするといった応用ができるだろう．実際，身体化された認知の枠組みにおいて，運動をすることでことばの理解や学習を促す介入が行われている．

(a) 子どものことばの学習

　グレンバーグら（Glenberg et al., 2004）は，子どもたちに「読みながら動

かす（Moved By Reading）」という介入を行っている．彼らは，小学校２年生の児童に，農場や家，ガソリンスタンドで起こるエピソードに関する文章を学習させた．その際，半分の児童には，その場面を再現するおもちゃを用意し，文章を読ませながら，そのおもちゃを操作させた（操作群）．その後に，その文章内容を思い出させる自由再生や手がかりを提示して思い出させる手がかり再生を行わせたところ，特に操作した直後は，ただ文章を読んで学習した群（読み群）よりも再生成績がよかった．この効果は，実際のおもちゃを操作させた場合だけではなく，読みながら画面に提示されたおもちゃをクリックで操作させた場合でも見られた（Glenberg et al., 2011）．また，おもちゃを操作させることに加え，他者（ここでは実験者）とその内容について対話させながら物語を読ませることで，単に物語を聴いて学習した子どもよりも物語の想起や語彙の獲得が進むことも示されている（Wall et al., 2022）．

(b) 第二言語習得

第二言語習得においても，学習時の運動の関わりが検討されている．ある研究（Buccino et al., 2017）では，第４節で紹介した研究（Buccino et al., 2018）と同じ課題を，イタリア人の英語学習者に実施した．実験では，つかめる対象を示す名詞（例：stone）が提示されると，つかめない対象を示す名詞（例：jungle）よりも判断時間が遅くなった．これは，名詞の運動的側面を処理している最中に手で反応を求めたことで干渉が起こったと解釈される．この結果は，英語の母語話者でも見られていたため（Marino et al., 2014），英語話者と英語の学習者は同じようにことばの処理をする際に運動的な処理もしていると解釈されている．

粟津や鈴木は，日本語母語話者の英語学習における身体運動の効果を検討している．粟津・鈴木（2011）は，英語の不定代名詞の理解において，複数の棒を操作する効果を検討した．この実験で，行為をして学習する群には，６本の棒が提示され，はじめに１本の棒をとった上で，次の１本をとるときに，"I take *another*"，続いて別の２本をとって "I take *others*" と発話した．さらに，残った棒をとって "I take *the others*" と発話した．行為群は，それらの行為を観察する観察群と，説明のみを受ける統制群と比較された．事後テストの成績を比較したところ，行為群は他の２群よりも成績が高く，能動的な行為から得られ

る知覚運動表象が第二言語の習得に役立つ可能性が示唆された．また，発話行為が，日本語母語話者が苦手とされるｌとｒを含む単語のスペリングに影響を与え，特に高難易度単語で，発話しながら学習した群の方が，ｌとｒに色をつけながら学習した群よりもスペリング成績が高いことも示されている（鈴木・粟津，2021）．さらに，英語学習の低習熟者も，母語（日本語）と同じように，英語の手に関する行為文（例：I take an empty can.）の処理の方が，心的行為文（例：I check the weather.）よりも有意味性の判断時間が短いことを示した（粟津・鈴木，2020）．このことから，低習熟度の学習者も外国語の理解において感覚や運動の情報を利用していることが示唆されている．

第6節
ことばの理解における運動の役割：理解とは何なのか

　本章で紹介してきた諸研究は，ことばの意味が，少なくとも一部は運動に形づくられていることを示唆する．さらに，抽象的なシンボル同士の組み合わせの問題として捉えることができる文法の理解にも運動や身体性が関わるという考え方もあり（Glenberg and Gallese, 2012），ことばは，意味と運動情報の結びつきだけでなく，文法を含め全般的に身体を基盤とすると考えられるかもしれない．

　しかし，感覚や運動情報の活動との関連が見られないという研究も存在することから，ことばの理解に身体や運動が必須だと断定できる状況にはない．そもそも，本章で紹介した研究の中で反応時間を用いた課題などは，課題の意図に従えているもの（正答試行）を分析対象とすることがほとんどである．つまり，その課題の文脈においては，反応時間に違いはあれども，ことばは正しく「理解」されているのである．

　メイオン（Mahon, 2015）は，色覚に異常があっても色覚の概念処理は維持されていたり，反対に色覚の概念処理はできなくても色覚に異常がない事例があったりすることから，感覚に関わる脳領域は概念処理の必要十分条件ではないことを指摘した．彼はこのような知見から，身体化された認知を批判する中で，ヒトのこころには文脈に応じて身体や世界と関わりなく思考（ことばや概念の処理）ができるような「クラッチ」があると指摘する．刺激や文脈によって，モダリティ特異的な情報の関わり方が異なるという指摘はほかにも見られ

160　　　　　　　　　　　　第 8 章　ことばと運動

表 8.1　言語使用における環境への埋め込み度（Zwaan, 2014 をもとに筆者作成）

明示 (demonstrations)	主体，対象，行為がその状況に存在する際に用いられることば.「ここで」「今」「あなた」といった直示語が用いられやすい.
指示 (instructions)	現在とは（わずかに）異なるが，望ましいもしくは必要とされる状況を表現することば. 言及された内容を認識するためには，その内容に関する感覚運動情報が長期記憶として定着している必要がある.
投射 (projections)	過去や未来の状態を，現在にマッピングすることば. 現在の空間的要素はそのままに，過去や未来の時間的要素を持つ. 主体，対象，行為がその場にはないため，多くの記憶表象にアクセスが必要となる.
転移ないし置換 (displacements)	物語やジョーク，小説，ニュース，史実のように現在の状況とは関連しない状況を記述することば. 感覚運動情報を引き出す表現が使われることも多いが，現在の状況と関連しないため，後の言葉によってどういった感覚や運動と関連するのかが蓄積されるまでの一時的なプレースホルダーとして機能する.
抽象 (abstractions)	時空間の枠組みを持たない抽象概念を記述することば（科学論文，哲学的論説，法律文書など）. 基本的に抽象的なシンボルが用いられるが，理解に有益な場合には，感覚や運動に関する情報を利用する表現も使われる.

（Dove, 2016），ことばの理解に運動が必須であるという考えは主流とはいえない.

　身体化された認知の枠組みに基づく言語理解研究を多く実施してきたズワーン（Zwaan, 2014）も，言語理解に感覚運動情報が必須ではなく，非感性的なシンボルが用いられる場面があることを認めている. 彼は，どのような場面で，どの情報が用いられるのかを考えると，環境への埋め込み（environmental embeddedness）が重要だという（表 8.1）. この考え方によると，言語表現は，それに関連する感覚運動情報と常に相互作用を持つのではなく，ヒトは文脈に応じてそれを利用したりしなかったりするということになる.

　表 8.1 では，明示や指示の場面で感覚や運動の情報が重視されると想定している. では，どのような手がかりからことばの理解に感覚運動情報が強く関わると判断できるのだろうか. ズワーンは，「読み手は（感覚運動情報を利用するか否かの）切り替えに極めて熟練している」（Zwaan, 2014: 233 ［筆者訳］）と述べている. しかし，読み手が意図的に行うのか，無意図的に行われるものを利用するのかは明言していない. 感覚や運動の情報が必要とメタ的に判断するためには，先んじてシンボル的な理解は完了していないといけないとも考えられる.

そのように考えると，ことばの「理解」とは何なのかを改めて考える必要があるだろう．言語処理中枢ではないとされる感覚や運動，感情，自己の情報に関連するモダリティ特異的な領域が，言語理解に再利用されることが「深い理解」であるという考え方もある(de Vega and Beltran, 2019)．メイオン(Mahon, 2015) の「クラッチ」の喩えを援用すれば，言語理解（車）の機能は，世界と関わる（道を移動する）ことだとすれば，言語処理をしても（エンジンを回転させても），クラッチをつなげてアクセルを踏まなければ移動すること，つまりことばを理解しているとはいえない．一方で，ことばは，観察できる形で存在しないものに言及する機能も持つ．本書のような学術書は，諸研究から示される「命題」や，それらを説明する「理論」といった抽象的な対象を扱う．それらの内容をことばで理解することというのは，具体的で観察可能な対象や運動に関することばの理解とどのように類似し，どのように異なるのかを考えていかなければいけないだろう．

推薦図書

第2節で紹介した実演効果について，絶版のため入手が難しいが，日本語で読める書籍として増本(2008)がある．第3節以降で触れた身体化された認知について，全般的な話題はフィンチャー＝キーファー（Fincher-Kiefer, 2019［望月ほか（訳），2021］）を読むとよいだろう．特にことばの理解と行為の関連については今井・佐治（2014）や，嶋田（2022）の第2章が詳しい．第4節では，運動に障害が見られるパーキンソン病患者の例を紹介した．ことばと運動行為の関係を深く知るためには，ヒトの運動行為の特性やその障害を理解しておくことも重要である．そのような場合には，樋口・森岡（2008）や樋口（2013）が理解しやすい．

文　献

Asher, J. J. (1965) The strategy of the total physical response: An application to learning Russian. *International Review of Applied Linguistics in Language Teaching* **3**(4): 291-300.

粟津俊二・鈴木明夫 (2011)「行為経験による英語不定代名詞の理解の促進」『認知科学』**18**(2)：272-283.

粟津俊二・鈴木明夫 (2020)「第二言語低熟達者による第二言語文理解の身体性」『認知科学』**27**(4)：554-566.

Bäckman, L. and Nilsson, L. G. (1985) Prerequisites for lack of age differences in memory performance. *Experimental Aging Research* **11**(2): 67-73.

Barsalou, L. W. (1999) Perceptual symbol systems. *Behavioral and Brain Sciences* **22**(4):

577–660.

Buccino, G. et al. (2017) Fluent speakers of a second language process graspable nouns expressed in L2 like in their native language. *Frontiers in Psychology* **8**: 1306.

Buccino, G. et al. (2018) Processing graspable object images and their nouns is impaired in Parkinson's disease patients. *Cortex* **100**: 32–39.

Cohen, R. L. (1981) On the generality of some memory laws. *Scandinavian Journal of Psychology* **22**(4): 267–281.

de Vega, M. and Beltran, D. (2019) Reusing Neural Networks for Deep Comprehension. In K. K. Millis et al. (eds.) *Deep Comprehension: Multi-disciplinary Approaches to Understanding, Enhancing, and Measuring Comprehension*, pp. 68–79, Routledge.

Dove, G. (2016) Three symbol ungrounding problems: Abstract concepts and the future of embodied cognition. *Psychonomic Bulletin & Review* **23**(4): 1109–1121.

Engelkamp, J. (1998) *Memory for Actions*, Psychology Press/Taylor & Francis.

Engelkamp, J. and Krumnacker, H. (1980) Image- and motor-processes in the retention of verbal materials. *Zeitschrift für Experimentelle und Angewandte Psychologie* **27**(4): 511–533.

Fernandino, L. et al. (2013a) Parkinson's disease disrupts both automatic and controlled processing of action verbs. *Brain and Language* **127**(1): 65–74.

Fernandino, L. et al. (2013b) Where is the action? Action sentence processing in Parkinson's disease. *Neuropsychologia* **51**(8): 1510–1517.

Fincher-Kiefer, R. (2019) *How the Body Shapes Knowledge: Empirical Support for Embodied Cognition*, American Psychological Association.［望月正哉ほか（訳）(2021)『知識は身体からできている—身体化された認知の心理学』新曜社.］

Gibson, J. J. (1979) *The Ecological Approach to Visual Perception*, Houghton, Mifflin and Company.［古崎　敬ほか（訳）(1985)『生態学的視覚論—ヒトの知覚世界を探る』サイエンス社.］

Glenberg, A. M. and Gallese, V. (2012) Action-based language: A theory of language acquisition, comprehension, and production. *Cortex* **48**(7): 905–922.

Glenberg, A. M. and Kaschak, M. P. (2002) Grounding language in action. *Psychonomic Bulletin & Review* **9**(3): 558–565.

Glenberg, A. M. and Robertson, D. A. (1999) Indexical understanding of instructions. *Discourse Processes* **28**(1): 1–26.

Glenberg, A. M. et al. (2004) Activity and imagined activity can enhance young children's reading comprehension. *Journal of Educational Psychology* **96**(3): 424–436.

Glenberg, A. M. et al. (2011) Improving early reading comprehension using embodied CAI. *Instructional Science* **39**(1): 27–39.

Harnad, S. (1990) The symbol grounding problem. *Physica D. Nonlinear Phenomena* **42**(1–3): 335–346.

樋口貴広（2013）『運動支援の心理学—知覚・認知を活かす』三輪書店.

樋口貴広・森岡　周（2008）『身体運動学—知覚・認知からのメッセージ』三輪書店.

文　　献　　*163*

Hirschfeld, G. and Zwitserlood, P. (2012) Effector-specific motor activation modulates verb production. *Neuroscience Letters* **523**(1): 15-18.

Humphries, S. et al. (2019) From action to abstraction: The sensorimotor grounding of metaphor in Parkinson's disease. *Cortex* **121**: 362-384.

今井むつみ・佐治伸郎（編）(2014)『岩波講座 コミュニケーションの認知科学 1 言語と身体性』岩波書店.

Kintsch, W. (1998) *Comprehension: A Paradigm for Cognition*, Cambridge University Press.

喜多壮太郎 (2014)「言語の身体性と言語発達」今井むつみ・佐治伸郎（編）『岩波講座 コミュニケーションの認知科学 1 言語と身体性』pp. 185-200, 岩波書店.

Klatzky, R. L. et al. (1989) Can you squeeze a tomato? The role of motor representations in semantic sensibility judgments. *Journal of Memory and Language* **28**(1): 56-77.

Mahon, B. Z. (2015) The burden of embodied cognition. *Canadian Journal of Experimental Psychology* **69**(2): 172-178.

Marino, B. F. M. et al. (2014) Viewing photos and reading nouns of natural graspable objects similarly modulate motor responses. *Frontiers in Human Neuroscience* **8**: 968.

増本康平 (2008)『エピソード記憶と行為の認知神経心理学』ナカニシヤ出版.

Miller, J. et al. (2018) Embodied cognition: Is activation of the motor cortex essential for understanding action verbs? *Journal of Experimental Psychology: Learning, Memory, and Cognition* **44**(3): 335-370.

望月正哉 (2015)「身体化された認知は言語理解にどの程度重要なのか」『心理学評論』**58**(4): 485-505.

望月正哉 (2021)「概念は何に基盤化されているのか―身体化された認知と基盤化された認知に基づく概念処理と単語認知」『認知科学』**28**(4): 629-641.

Morey, R. D. et al. (2022) A pre-registered, multi-lab non-replication of the action-sentence compatibility effect (ACE). *Psychonomic Bulletin & Review* **29**(2): 613-626.

Papesh, M. H. (2015) Just out of reach: On the reliability of the action-sentence compatibility effect. *Journal of Experimental Psychology: General* **144**(6): e116-e141.

Pashler, H. and Wagenmakers, E.-J. (2012) Editors' introduction to the special section on replicability in psychological science: A crisis of confidence? *Perspectives on Psychological Science* **7**(6): 528-530.

Pulvermüller, F. et al. (2005) Functional links between motor and language systems. *European Journal of Neuroscience* **21**(3): 793-797.

Reilly, M. et al. (2019) Time-course of motor involvement in literal and metaphoric action sentence processing: A TMS study. *Frontiers in Psychology* **10**: 371.

Roberts, B. R. T. et al. (2022) The enactment effect: A systematic review and meta-analysis of behavioral, neuroimaging, and patient studies. *Psychological Bulletin* **148**(5-6): 397-434.

Rueschemeyer, S.-A. et al. (2010) The function of words: Distinct neural correlates for words denoting differently manipulable objects. *Journal of Cognitive Neuroscience* **22**

(8): 1844-1851.

Scorolli, C. and Borghi, A. M. (2007) Sentence comprehension and action: Effector specific modulation of the motor system. *Brain Research* **1130**(1): 119-124.

嶋田総太郎（編）(2022)『心と身体』東京大学出版会.

鈴木明夫・粟津俊二 (2021)「行為経験としての英語発音による英語スペリング記憶の促進 ― L と R を含む英単語の場合」『認知科学』**28**(4)：567-577.

Tettamanti, M. et al. (2005) Listening to action-related sentences activates fronto-parietal motor circuits. *Journal of Cognitive Neuroscience* **17**(2): 273-281.

Wall, D. et al. (2022) Embodied action scaffolds dialogic reading. *Educational Psychology Review* **34**(1): 401-419.

Winter, A. et al. (2022) The action-sentence compatibility effect (ACE): Meta-analysis of a benchmark finding for embodiment. *Acta Psychologica* **230**: 103712.

Zwaan, R. A. (2014) Embodiment and language comprehension: Reframing the discussion. *Trends in Cognitive Sciences* **18**(5): 229-234.

Zwaan, R. A. and Taylor, L. J. (2006) Seeing, acting, understanding: Motor resonance in language comprehension. *Journal of Experimental Psychology: General* **135**(1): 1-11.

索　引

人　名

アトキンソン（Atkinson, R. C.）　101
アリストテレス（Aristotle）　43
ウィンター（Winter, B.）　48
ウェルニッケ（Wernicke, K.）　87
ウルマン（Ullman, M. T.）　115
エリス（Ellis, N.）　107
エルマン（Elman, J. L.）　112

ギャザコール（Gathercole, S. E.）　104
ギャロッド（Garrod, S.）　31
クラップ（Klapp, S. T.）　109
グレンバーグ（Glenberg, A. M.）　149
ケーラー（Köhler, W.）　49
コヴェントリー（Coventry, K. R.）　24
ゴールドウォーター（Goldwater, S.）　4

サイデンバーグ（Seidenberg, M. S.）　116
サピア（Sapir, E.）　45
サフラン（Saffran, J.）　5
シフリン（Shiffrin, R. M.）　101
ジョアニッセ（Joanisse, M. F.）　116
ジョンストン（Johnston, R. S.）　107
スタンバーグ（Sternberg, R. J.）　109
スノーリング（Snowling, M.）　104
スペンス（Spence, C.）　56
ズワーン（Zwaan, R. A.）　160
ソシュール（Saussure, F. de）　47

チョムスキー（Chomsky, N.）　45, 112
テッタマンティ（Tettamanti, M.）　153
デュボワ（Du Bois, J. W.）　29
トラウゴット（Traugott, E. C.）　40

バーサロー（Barsalou, L. W.）　9
ハーダー（Harder, P.）　36
バッデリー（Baddeley, A. D.）　102

ハバード（Hubbard, E.）　49
パペシュ（Papesh, M. H.）　157
ピアジェ（Piaget, J.）　2
ピッカリング（Pickering, M.）　31
ヒッチ（Hitch, G. J.）　102
ヒューム（Hulme, C.）　105
ピンカー（Pinker, S.）　115
フィンチャー＝キーファー（Fincher-Kiefer, R.）　161
フェアハーゲン（Verhagen, A.）　29
プラウト（Plaut, D. C.）　112
ブルームフィールド（Bloomfield, L.）　45
ブルンスウィック（Brunswick, N.）　108
ブローカ（Broca, P. P.）　86
ボトヴィニック（Botvinick, M. M.）　111

マクレランド（McClelland, J. L.）　116
メイオン（Mahon, B. Z.）　159

ユクスキュル（Uexküll, J. von）　2

ライリー（Reilly, M.） 153
ラヴランド（Loveland, K. A.） 29
ラネカー（Langacker, R. W.） 23, 45
ラマチャンドラン（Ramachandran, V. S.） 49
ラメルハート（Rumelhart, D. E.） 116
リヒトハイム（Lichtheim, L.） 87
レイコフ（Lakoff, G. P.） 45, 133
ロード（Rohde, D. L. T.） 115

欧 文

action-sentence compatibility effect（ACE） 150
activation study 90
articulatory network 94
auditory reception 82
availability 130

ChatGPT 14
CLIP 18
computed tomography（CT） 83
construal 24
cross-situational learning 12

deactivation 93
deep learning 16
default-mode network 93
distributional cue 5
double articulation 3
double dissociation 86, 97, 155
dual stream model 94

embodied cognition 149
enactment effect 147
environmental embeddedness 160
event-related potential（ERP） 84, 154

functional magnetic resonance imaging（fMRI） 83, 90, 91, 153

generalization 16
GPT-4 18
grammar 82
grounded cognition 149

iconicity 48, 53
ideophone 46

lexicon 82

magnetic resonance imaging（MRI） 83
magnetoencephalography（MEG） 84, 90
mimetics 46
modality specificity 98
Moved By Reading 158
multi-dimensional scaling 法（MDS 法） 66

near infra-red spectroscopic topography（NIRS） 84
neuropsychology 85
n-gram model 15

optogenetics 84

PaLM-E 18
positron emission tomography（PET） 84, 90
prosodic cue 5
prosody 5

reading 82

Self-as-We 75
semantic differential 法（SD 法） 66
sound symbolism 69
speech 82
subject-performed task（SPT） 147

transcranial magnetic stimulation（TMS） 153

usage-based model 14

writing 82

あ 行

アフォーダンス 149
アメリカ構造（主義）言語学 45
粗さ感 66

一人称代名詞 28
意図 96
意図性 88
意図性と自動性の解離 95
意味 45
意味カテゴリ 93, 97
意味ネットワークモデル 126

索　　引

イメージ　82
イメージスキーマ　139
イメージ的表象　125
インナースクライブ　102
隠喩　138
韻律的手がかり　5

ウェルビーイング　77

Ｎグラムモデル　15
演繹的推論　127
遠隔情動共有　75
縁上回　93

凹凸感　66
オノマトペ　43, 46, 51-57,
　　61, 62, 67, 73
オノマトペ情動ログ　74
オノマトペ分布図　67, 70,
　　72
音韻　93
音韻意識　106
音韻計画過程　109
音韻ネットワーク　94
音韻類似性　107
音韻ループ　102
音象徴　43, 46, 48-51, 54-
　　57, 62
音象徴語　46, 51, 52
音象徴性　69
音節　106
音素　3, 106
音素配列頻度　106
温冷感　66

か　行

概念　82, 133
概念化　23, 45
概念学習　134

概念結合　137
概念の機能　137
解剖学的モデル　95
学習可能性　117
確証バイアス　130
仮言的三段論法　127
過去時制屈折　115
仮説（条件文に関する）推
　　論　127
カタカナ語　53
カテゴリ化　137
カテゴリ帰納　131
カテゴリ特異性　97
カテゴリ特異性障害　97
構え　96
感覚運動インターフェース
　　94
感覚運動器　2
感覚経路　1
環境への埋め込み　160
還元ヘモグロビン　90
漢語　53
間主観化　40
間主観性　30
感性　43, 44
感性探索的言語使用　57
感性的質感認知　65
感性表現語　74
環世界　2
完全帰納推論　129
感マップ　76
換喩　138

擬音語　51, 52
記号システム　7
記号接地問題　149
擬情語　52
擬声語　51, 52
規則　116
擬態語　52

機能画像　83, 84, 90
機能局在　86, 89
機能局在論　87
機能的磁気共鳴画像法
　　153
帰納の推論　129
基盤化された認知　149
共感覚　49
共通感覚　44
共同注意　29, 34
響鳴　29, 31
局在論　87

組み合わせネットワーク
　　94
グラウンド　27

経験サンプリング　73
計算機モデル　116
形式的誤り　128
経頭蓋磁気刺激法（TMS）
　　153
系列位置効果　112
系列再生　107
欠損機能　88
欠損症候　88
言語音受容　90
言語獲得装置　104
言語起源論　56
言語コーパス　118
言語症候　89
言語進化学　56
言語把持　90
言語表出　90
言語モデル　14
言語理解　96

語彙　82, 108, 116
語彙インターフェース　94
語彙獲得　103

索　引

語彙・結合ネットワーク　94
語彙判断課題　152
行為　85
行為-文適合性効果　150
構音ネットワーク　94
構音リハーサル　102
構音ループ　102
交差状況学習　12
交差遅延モデル　104
構成主義　2
構成性原理　13
構造画像　83, 84
構造主義　47
構造的類似性　132
硬軟感　66
語音弁別　90
五感　44
コネクショニスト　116
コネクショニストモデル　95
コーパス　17

さ　行

再帰型ニューラルネット　112
再現性　156
作動記憶　103
酸化ヘモグロビン　90

恣意性　7, 47
シェマ（図式）　9
時間的距離原則　111
視空間スクラッチパッド　102
視空間スケッチパッド　102
事象関連電位（ERP）　84, 154

視線追従　34
視線誘導　34
事態把握　40
実演効果　147
質感探索　62
質感認知　64
失語症　88
実用論的制約　130
自動性　88
写像　132
縦断的研究　104
縦断的調査　107
主観化　40
主語・項　125
主体化　35
主体的把握　27
述語　125
消去法的帰納法　130
書記素と音素の対応規則　117
触相図　70, 72
触素材　65
書字　82
神経心理学　85, 86
神経生理学　85
心象性　118
深層学習　14, 117
身体化された認知　146, 149
身体性　98
身体の動機づけ　49
心的操作　124
心的表象　123
信念バイアス　129
シンボリックモデル派　116
心理感情語　76

推論　127
スキーマ　136

スクリプト　136
スタンスの三角関係　29
ステレオタイプ的　137
スピーチエラー　109
スプーナリズム　110

生成文法　45
生態心理学　40
生物記号論　2
世代間伝達　117
線形三段論法　127
選言的三段論法　127
潜在成長モデル　105
全体論　87
選択圧　117
前頭葉内側面　85

素朴理論　136

た　行

対応関係の手がかり　10
大規模言語モデル　16
第二言語学習　14
第二言語習得　158
対乳幼児発話　114
多義　37
ターゲット　132
他者にとっての他者　28
多重貯蔵モデル　101
脱酸素化ヘモグロビン　90
脱賦活　93
妥当でない変換　128
短期記憶　103
単語　3
単語指示課題　96
単語想起課題　91
単語発見　2
単語分割　2
端性原理　111

索　引　　　　*169*

知覚的記号（シンボル）シ
　　ステム　9, 149
知覚的シミュレーション
　　125
注意機構　16
中央実行系　102
聴覚的受容　82
長期記憶　103
直喩　138
直観　139
直観的思考　139

定義的特徴　135
定言（定言文に関する）推
　　論　127
ディープラーニング　14
提喩　138
デフォルトモードネット
　　ワーク　93
転移　133
電気生理実験　85

統語　108
統語規則　112
読字　82
捉え方　23
捉え方の意味論　23, 32

な　行

内言語　90
内容的誤り　128

二重解離　86, 97
二重乖離　155
二重解離の原理　86
二重経路モデル　94
二重システム理論　140
二重分節解析器　5
二重分節構造　3

認知意味論　23
認知機能　85, 86
認知機能障害　85
認知言語学　14, 45, 137
認知神経心理学　86, 95
認知心理学　86
認知文法　26, 35

脳血流シンチグラフィー
　　83
脳磁図（MEG）　84
ノード　136

は　行

バイグラムモデル　15
背側路　94
破壊実験　85
パーキンソン病　155
発語　82
発語失行　146
発語制御　90
発話潜時　109
汎化　16

光遺伝学　84
被験者実演課題　147
左中心回　93
批判的思考　139
比喩　138
ヒューリスティック　130,
　　140
表面的類似性　132

風合い　64
賦活研究　90
不完全帰納推論　129
複数成分作動記憶モデル
　　102
腹側路　94

ブーバ・キキ効果　50, 55
普遍文法　112
プライミング　137
ブローカ野　93
プロソディー　5
プロトタイプ　135
雰囲気効果　128
分布上の手がかり　5
文法　82
文法規則　1

ベイズ推論　5
ベイズの定理　4
ベース　132

ま　行

枚挙的帰納法　130
摩擦感　66
マルコフ連鎖モンテカルロ
　　法　5
マルチモダリティ　1
マルチモーダル　1, 147
マルチモーダルカテゴリ形
　　成　8
マルチモーダル感覚情報
　　9

見せ方の意味論　32

命題的表象　125
メタ認知　142
メタファ　138
メタ分析　148
メンタルモデル　126

モジュール性　112
モダリティ　1, 49, 98
モダリティ特異性障害　98
モダリティ特異的　159

モーラ 69

や 行

やまと言葉 53

有契性 48

要素的言語症候 89
用法基盤モデル 14
読みながら動かす 157

ら 行

理解・提示の意味論 33
理解の意味論 32
リテラシー 142
リハーサル 102
リヒトハイムの仮説 87
領域特異的 116
領域普遍的 116
利用可能性 130
リンク 136
臨時オノマトペ 62

臨床神経心理学 95

類推 132
類像性 48, 53
類像性階層理論 53

連合主義 87

わ 行

わたしたちのウェルビーイ
　ングカード 78

編集者略歴

つじ ゆき お
辻 幸夫

1989 年　慶應義塾大学大学院修了
現　在　慶應義塾大学名誉教授
主な編著　『ことばの認知科学事典』（大修館書店，2001 年），『認知言語学大事典』
　　　　　（朝倉書店，2019 年），『新編 認知言語学キーワード事典』（研究社，
　　　　　2013 年），『認知言語学への招待』（大修館書店，2003 年）など

すが い かず み
菅井三実

1992 年　名古屋大学大学院修了
現　在　兵庫教育大学大学院学校教育研究科教授
主な編著　『社会につながる国語教室―文字通りでない意味を読む力』（開拓社，
　　　　　2021 年），『人はことばをどう学ぶか―国語教師のための言語科学入門』
　　　　　（くろしお出版，2015 年），『英語を通して学ぶ日本語のツボ』（開拓社，
　　　　　2012 年）など

さ じ のぶろう
佐治伸郎

2011 年　慶應義塾大学大学院修了
現　在　早稲田大学人間科学学術院人間科学部准教授
主な編著　『信号，記号，そして言語へ―コミュニケーションが紡ぐ意味の体系』
　　　　　（共立出版，2020 年），『言語と身体性』（岩波書店，2014 年），『言語
　　　　　と哲学・心理学』（朝倉書店，2010 年）など

シリーズ〈ことばの認知科学〉2
ことばと心身　　　　　　　　定価はカバーに表示

2024 年 10 月 1 日　初版第 1 刷

編集者	辻		幸	夫
	菅	井	三	実
	佐	治	伸	郎
発行者	朝	倉	誠	造
発行所	株式会社 朝 倉 書 店			

　　　　　　　　　　　　東京都新宿区新小川町 6-29
　　　　　　　　　　　　郵 便 番 号　162-8707
　　　　　　　　　　　　電　話　03（3260）0141
　　　　　　　　　　　　FAX　03（3260）0180
　　　　　　　　　　　　https://www.asakura.co.jp

〈検印省略〉

ⓒ 2024〈無断複写・転載を禁ず〉　　　　　教文堂・渡辺製本

ISBN 978-4-254-51702-6　C 3380　　　　　Printed in Japan

JCOPY ＜出版者著作権管理機構 委託出版物＞

本書の無断複写は著作権法上での例外を除き禁じられています．複写される場合は，
そのつど事前に，出版者著作権管理機構（電話 03-5244-5088，FAX 03-5244-5089，
e-mail: info@jcopy.or.jp）の許諾を得てください．

日本語大事典 【上・下巻：2分冊】

佐藤 武義・前田 富祺 (編集代表)

B5判／2456頁　978-4-254-51034-8 C3581　定価 82,500円（本体 75,000円＋税）

現在の日本語をとりまく環境の変化を敏感にとらえ，孤立した日本語，あるいは等質的な日本語というとらえ方ではなく，可能な限りグローバルで複合的な視点に基づいた新しい日本語学の事典。言語学の関連用語や人物，資料，研究文献なども広く取り入れた約3500項目をわかりやすく丁寧に解説。読者対象は，大学学部生・大学院生，日本語学の研究者，中学・高校の日本語学関連の教師，日本語教育・国語教育関係の人々，日本語学に関心を持つ一般読者などである。

日本語文法百科

沖森 卓也 (編)

A5判／560頁　978-4-254-51066-9 C3581　定価 13,200円（本体 12,000円＋税）

日本語文法を，学校文法を入口にして初歩から専門事項に至るまで用例を豊富に盛り込みつつ体系的に解説。〔内容〕総説（文法と文法理論，文法的単位）／語と品詞（品詞，体言，名詞，代名詞，用言，動詞，形容詞，形容動詞，副詞，助動詞，助詞，等）／文のしくみ（文のなりたち，態とその周辺，アスペクトとテンス，モダリティ，表現と助詞，従属節，複合辞）／文法のひろがり（待遇表現，談話と文法，文法の視点，文法研究史，文法の変遷，日本語教育と日本語文法）

敬語の事典

荻野 綱男 (編)

A5判／704頁　978-4-254-51069-0 C3581　定価 16,500円（本体 15,000円＋税）

従来の敬語の基本的な体系を丁寧に解説しつつ，さらに視野を広げて敬語の多様性にも着目した。日本語学を中心として，対照言語学，社会言語学の側面から，幅広く多言語の敬語についても記述。具体的には，敬語の歴史，方言の敬語，敬語の年齢差，男女差，敬語の職業差，会社と敬語，家庭と敬語など様々な場面と敬語，外国語の敬語との対照，敬語の調査，敬語の教育法，情報科学と敬語，心理学など周辺分野との関連など，敬語の総合的理解を得られるよう有用性を高めた事典。

俗語百科事典

米川 明彦 (著)

A5判／344頁　978-4-254-51068-3 C3581　定価 4,950円（本体 4,500円＋税）

改まった場では使えない（使いにくい）俗語の豊かな世界をテーマごとに楽しむ事典。言語学から見た俗語の定義・位置づけから，知っているとちょっと自慢できることばの知識まで，多彩な内容を収録。著者長年の俗語研究の集大成となる一冊。〔内容〕俗語とは何か／意味分野から見た俗語／媒体から見た俗語／造語法から見た俗語／集団から見た俗語／口頭語形の俗語／文献から見た俗語／俗語の語源・造語者／集団語から一般語になった俗語／消えた俗語／年別　新語・流行語一覧／他。

ことばのおもしろ事典

中島 平三 (編)

B5判／324頁　978-4-254-51047-8 C3580　定価 8,140円（本体 7,400円＋税）

身近にある"ことば"のおもしろさや不思議さから，多彩で深いことば・言語学の世界へと招待する。〔内容〕I.ことばを身近に感じる（ことわざ／ことば遊び／広告／ジェンダー／ポライトネス／育児語／ことばの獲得／バイリンガル／発達／ど忘れ，など）　II.ことばの基礎を知る（音韻論／形態論／統語論／意味論／語用論）　III.ことばの広がりを探る（動物のコミュニケーション／進化／世界の言語・文字／ピジン／国際語／言語の比較／手話／言語聴覚士，など）。

言葉とコミュニケーション ―心理学を日常に活かす―

邑本 俊亮 (著)

A5 判／160 頁　978-4-254-52033-0　C3011　定価 2,970 円（本体 2,700 円＋税）
言葉を介したコミュニケーションの心理学に関する入門書．

乳幼児の発達と保育 ―食べる・眠る・遊ぶ・繋がる―

秋田 喜代美 (監修)／遠藤 利彦・渡辺 はま・多賀 厳太郎 (編著)

A5 判／232 頁　978-4-254-65008-2　C3077　定価 3,740 円（本体 3,400 円＋税）
東京大学発達保育実践政策学センターの知見や成果を盛り込む。「眠る」「食べる」「遊ぶ」といった 3 つの基本的な活動を「繋げる」ことで，乳幼児を保育学，発達科学，脳神経科学，政治経済学，医学などの観点から科学的にとらえる。

手を動かしながら学ぶ　神経心理学

柴崎 光世・橋本 優花里 (編)

A5 判／176 頁　978-4-254-52030-9　C3011　定価 3,080 円（本体 2,800 円＋税）
イメージのつきにくい神経心理学を，動画や Web プログラム等のデジタル付録を参照して能動的に学べる入門書．〔内容〕神経心理学の基礎／脳の損傷に伴う高次脳機能障害／発達の過程で生じる高次脳機能障害／高次脳機能障害の評価と支援

手を動かしながら学ぶ　学習心理学

澤 幸祐 (編)

A5 判／136 頁　978-4-254-52032-3　C3011　定価 2,860 円（本体 2,600 円＋税）
教育・技能獲得や臨床現場などでも広く応用される学習心理学を，デジタルコンテンツを参照しながら能動的に学べる入門書．〔内容〕学習とは何か／馴化と脱馴化／古典的条件づけ／道具的条件づけ／選択行動／臨床応用／機械学習．

人物で読む心理学事典

サトウ タツヤ (監修)／長岡 千賀・横光 健吾・和田 有史 (編)

A5 判／424 頁　978-4-254-52036-1　C3511　定価 8,800 円（本体 8,000 円＋税）
人名から引く心理学理論事典．定番の人物だけでなく，今まであまりとりあげられることがなかった人物や日本人も含めとりあげ，その人物および心理学の意義とおもしろさを伝える．〔内容〕スキナー／エリクソン／ヴント／パヴロフ／ピアジェ／フロイト／ユング／カニッツァ／カーネマン／河合隼雄／森田正馬／三隅二不二等

シリーズ〈ことばの認知科学〉1 ことばのやりとり

辻 幸夫・菅井 三実・佐治 伸郎 (編)

A5 判／208 頁　978-4-254-51701-9 C3380　定価 3,520 円（本体 3,200 円＋税）

認知科学における言語研究の基礎と流れを概観し，理論的・実証的研究の展開を解説。言語研究に考えを巡らせられる「ことばの認知科学」への誘い。〔内容〕認知科学と言語研究／ことばと意図理解／ことばと暗黙知／ことばと対話の多層性／ことばとロボット／ことばと相互行為／子育てのことば／カウンセリングのことば

シリーズ〈ことばの認知科学〉3 社会の中のことば

辻 幸夫・菅井 三実・佐治 伸郎 (編)

A5 判／192 頁　978-4-254-51703-3 C3380　定価 3,520 円（本体 3,200 円＋税）

認知科学における言語研究の基礎と流れを概観し，理論的・実証的研究の展開を解説。言語研究に考えを巡らせられる「ことばの認知科学」への誘い。〔内容〕ことばと社会／ことばと文化／ことばとユーモア／ことばと機械翻訳／ことばのコーパス分析／ことばとＡＩ／サブカルチャのことば／オンラインのことば

シリーズ〈ことばの認知科学〉4 ことばと学び

辻 幸夫・菅井 三実・佐治 伸郎 (編)

A5 判／192 頁　978-4-254-51704-0 C3380　定価 3,520 円（本体 3,200 円＋税）

認知科学における言語研究の基礎と流れを概観し，理論的・実証的研究の展開を解説。言語研究に考えを巡らせられる「ことばの認知科学」への誘い。〔内容〕教育とことば／ことばと読み書き／バイリンガルと多文化共生／第一言語習得（母語習得）／第二言語習得／特別支援教育とことば／ことばのリハビリテーション／手話の認知科学

ことばを科学する ―理論と実験で考える、新しい言語学入門―

伊藤 たかね (著)

A5 判／224 頁　978-4-254-51074-4 C3080　定価 3,080 円（本体 2,800 円＋税）

言語学の入門テキスト。日本語と英語の具体例・実験例を見ながら，言語学の基礎理論とことばを科学的に理解する方法を学ぶ。〔内容〕ことばを操る／ことばを理論的に科学する／心と脳の働きを調べる／音／語の意味と構文／使役文／受身文／疑問文／話し手と聞き手／常識的な知識と意味／手話から見る言語の普遍性と多様性／他

認知言語学大事典

辻 幸夫 (編集主幹) ／楠見 孝・菅井 三実・野村 益寛・堀江 薫・吉村 公宏 (編)

B5 判／864 頁　978-4-254-51058-4 C3580　定価 24,200 円（本体 22,000 円＋税）

認知言語学理論と関連分野について，言語学研究者から一般読者までを対象に，認知言語学と関連分野の指導的研究者らがその全貌を紹介する。全52項目のコラムで用語の基礎を解説。〔内容〕総論(記号論／認知科学／哲学／他)／理論的枠組み(音韻論／形態論／フレーム意味論／他)／主要概念(カテゴリー化／イメージ・スキーマ／参照点／他)／理論的問題(A.言語の進化と多様性／B.言語の創発・習得・教育／C.創造性と表現)／学際領域(心理学／人類学／神経科学／脳機能計測／他)

上記価格は 2024 年 9 月現在